使える じゃがいも レシピ

potato

柴田書店

potato

じゃがいもは、とても優秀な素材。
和・洋・中、どんなジャンルにもおいしいじゃがいも料理があるように、
調理法や味つけの幅が広く、使い勝手がよいのが魅力です。
この本では、そんなじゃがいもを和食、フレンチ、イタリアン、中華の
4人のシェフたちに、さまざまな料理に仕立てていただきました。
煮たり、揚げたり、炒めたり。形状も、ごろっとした塊あり、
薄切りや細切りあり、マッシュありと多様です。
普段使いにちょうどいい料理から、おもてなしにぴったりな料理まで盛りだくさん。
プロならではのアイデアやおいしく作るコツもたっぷり教えていただきました。
ぜひお役立てください。

和	仏	伊	中
japanese	french	italian	chinese
虎白	イレール人形町	トラットリア・ビコローレ・ヨコハマ	中国料理 美虎
小泉功二	島田哲也	佐藤護	五十嵐美幸

サラダ

- じゃがいもと豚肉のしゃぶしゃぶサラダ仕立て（五十嵐） ……… 8
- カリカリポテトサラダ（五十嵐） ……… 10
- じゃがいもとトマトのマスタード仕立て（五十嵐） ……… 11
- じゃがいもの辛みチーズポテトサラダ（五十嵐） ……… 12
- じゃがいも、いいだこ、オリーブの温かいサラダ（佐藤） ……… 13
- じゃがいもとアボカドの香菜サラダ（島田） ……… 14
- せん切りじゃがいものサラダ レフォール風味（島田） ……… 15
- じゃがいもとにんじんの温サラダ仕立て（五十嵐） ……… 16
- じゃがいも、竹の子、水菜の塩昆布和え（小泉） ……… 17

おつまみ

- ハムとじゃがいものムース（島田） ……… 18
- じゃがいもと塩鱈のブランダータ（佐藤） ……… 20
- じゃがいものブレア いかすみ煮込み添え（佐藤） ……… 21
- ゆでじゃがいものタプナードソース（島田） ……… 22
- じゃがいもとホタテのカルパッチョ タプナード添え（佐藤） ……… 23
- じゃがいもとサーモンのテリーヌ（島田） ……… 24
- カラブリア風 豚とじゃがいものサラミ仕立て（佐藤） ……… 25
- きのことじゃがいものマリネ（島田） ……… 28
- じゃがいものふき味噌和え（小泉） ……… 29
- じゃがいもの木の芽味噌和え（小泉） ……… 29
- 鯛手まり（小泉） ……… 32
- じゃがいも海苔巻き（小泉） ……… 33
- 芋ほたる（小泉） ……… 33
- せん切りじゃがいも とびこ和え（小泉） ……… 36
- 牛しゃぶ じゃがいも添え（小泉） ……… 36

フライパンで作る

- じゃがいも、パンチェッタ、玉ねぎのロースト ローズマリー風味（佐藤） ……… 37
- 鶏とじゃがいものブレゼ（島田） ……… 40
- じゃがいものグランメール風（島田） ……… 42
- じゃがいもとえびのソテー ガーリック風味（島田） ……… 43
- じゃがいもと豚バラ肉の生姜焼き（五十嵐） ……… 44
- じゃがいもと干しえびの塩炒め（五十嵐） ……… 45
- じゃがいものクリーム炒め（五十嵐） ……… 46
- 卵とじゃがいもの炒め焼き（五十嵐） ……… 47
- じゃがいものリヨネーズ（島田） ……… 48
- じゃがいもと鶏肉の柚子胡椒炒め（五十嵐） ……… 49
- スパニッシュオムレツ（島田） ……… 52
- じゃがいものガレット（島田） ……… 53
- じゃがいもとモッツァレラ・チーズのトルティーノ 生ハムを添えて（佐藤） ……… 53
- じゃがいものクレープ（クレープ・パルマンティエ）（島田） ……… 56
- ジャーマンポテト（島田） ……… 56

えびのじゃがいも包み揚げ（島田）	57
じゃがいもと太刀魚のインボルティーニ　アンチョビソース（佐藤）	60

オーブンで作る

アッシェ・パルマンティエ（島田）	61
じゃがいものグラタン（グラタン・ドフィノワ）（島田）	64
じゃがいもとゆで卵のミートソースグラタン（佐藤）	65
サルデーニャ風じゃがいもと羊のパナーダ（佐藤）	66
じゃがいものタルト（島田）	68
じゃがいもといわしのトルタ（佐藤）	69
じゃがいものケーク・サレ（島田）	70
プーリア風じゃがいも、ムール貝、トマト、お米のオーブン焼き（佐藤）	71
じゃがいものキッシュ（島田）	72
じゃがいもの塩包み焼き　フォンドゥータソース（佐藤）	73
じゃがいものマッシュルームファルシ（島田）	73
ナポリ風じゃがいものガトー（佐藤）	76
じゃがいもを練り込んだフォカッチャと"ランプレドット"トスカーナの市場風（佐藤）	77

揚げて作る

じゃがいもとビーフジャーキーのスパイスフライドポテト（五十嵐）	80
じゃがいもとえびのマヨネーズ風味（ジャガエビマヨ）（五十嵐）	82
ブロッコリーのじゃがクリーム和え（カルボナーラ風）（五十嵐）	83
じゃがいもと豚ヒレの酢豚（五十嵐）	84
じゃがいもと鶏胸肉のバンバンジー（五十嵐）	85
じゃがいものハーブコロッケ（島田）	86
じゃがいものポルペッティーニ（クロケッタ）（佐藤）	87
じゃがいもと手羽先のフリット　アラビアータ（佐藤）	88
じゃがいもと絹さやの春巻き（五十嵐）	89
車えび　かわり揚げ（小泉）	89
桜えびとじゃがいものかき揚げ（小泉）	92
揚げじゃがいも　うにのせ（小泉）	92
じゃがロール（小泉）	93
揚げじゃがいも　からすみ和え（小泉）	93
じゃがいもと空豆のパン粉揚げ（小泉）	96
ほたてすり身　じゃがいも湯葉包み揚げ（小泉）	97
ゆり根じゃがいも（小泉）	97

煮て作る

じゃがいもと鮭の豆板醤煮込み（五十嵐）	100
じゃがいもと牡蠣のオイスター煮（五十嵐）	101
胡麻肉じゃが（坦々風）（五十嵐）	101
じゃがいもの麻婆仕立て（五十嵐）	104
サルデーニャ風　サフラン風味のじゃがいもとかさごのトマト煮込み（五十嵐）	105
ポトフ（島田）	106

鯖味噌じゃが (小泉)	107
じゃがいもと鶏肉、水菜の煮浸し (小泉)	108
じゃがいもの沢煮椀 (小泉)	109

汁物・スープ・蒸し物

あさりとじゃがいものスープ (島田)	110
じゃがいもと長ねぎのクリームスープ (島田)	111
じゃがいもの冷やし素麺 (小泉)	112
じゃがいもと春雨の酸辣スープ (五十嵐)	113
じゃがいもとトマトのポタージュ (五十嵐)	114
じゃがいもプリンの蟹あんかけ (五十嵐)	115
芋練り味噌汁 (小泉)	116
じゃがかす汁 (小泉)	117
じゃがいものすり流し (小泉)	118
じゃがいもの茶碗蒸し (小泉)	119

ニョッキ・麺・水餃子・米料理

じゃがいものニョッキ　ゴルゴンゾーラクリームソース (佐藤)	120
カネーデルリ (佐藤)	122
フリウリ風プラムを詰めたニョッキ　シナモン風味のバターソース (佐藤)	123
じゃがいもを練り込んだタリアテッレ　ヴォンゴレビアンコ (佐藤)	124
カラーブリア風じゃがいも、卵、パンチェッタのペンネ (佐藤)	126
じゃがいもとバジリコペーストのトロフィエ (佐藤)	127
サルデーニャ風じゃがいものラビオリ、クルルジョニス　トマトソース (佐藤)	128
じゃがいもの水餃子 (五十嵐)	129
じゃがいもとピーマンのあんかけ焼きそば (五十嵐)	129
じゃがいものお粥 (鶏肉、青菜) (五十嵐)	132
ヴェネト風じゃがいものリゾット (五十嵐)	132
じゃがいもの香りご飯 (小泉)	133
じゃが茶漬け (小泉)	133

デザート

じゃがいも、あずきミルフィーユ (小泉)	136
じゃがいも入りゼッポレ　アプリコットのソース (佐藤)	137

- 本書中のカップ1は200cc、大さじ1は15cc、小さじ1は5ccです。
- 本書中のE.V.オリーブ油は、エクストラ・バージン・オリーブ油のことです。単にオリーブ油と記されている場合は、ピュア・オリーブ油を指します。
- 佐藤さんのレシピ中のブロード (ブイヨン) は、鶏のガラに香味野菜などを加えてとった鶏のブロードをおもに使用しています。
- 佐藤さんのレシピ中の00粉は、挽き目の細かいイタリアの小麦粉です。なければ強力粉と薄力粉を半々で混ぜ合わせて使用してください。
- 五十嵐さんの料理ではジャガイモを丸ごと蒸して使用するレシピがありますが、蒸して火を入れるのが大変な場合は、水洗いしてから1個ずつぬらした新聞紙に包み、更にラップフィルムで包んで、電子レンジに約4分かけてもけっこうです。
- レシピ中に無塩バターとあり、有塩バターを使う場合は、その分塩を控えるなどして調整してください。

撮影　海老原俊之
デザイン　野本奈保子 (ノモグラム)
編集　長澤麻美

使えるじゃがいもレシピ
potato

サラダ	8
おつまみ	18
フライパンで作る	37
オーブンで作る	61
揚げて作る	80
煮て作る	100
汁物・スープ・蒸し物	110
ニョッキ・麺・水餃子・米料理	120
デザート	136

サラダ

ジャガイモといったらまずサラダ。マヨネーズ味のポテトサラダは老若男女を問わず人気ですが、
ここではちょっと変わったサラダをご紹介します。
いつもと違う味つけやジャガイモの歯応えが、とても新鮮です。

じゃがいもと豚肉のしゃぶしゃぶサラダ仕立て

薄くスライスしたジャガイモの食感がおいしい!
豚肉のほうはやわらかく仕上げて、食感の違いを楽しみましょう。
(料理/五十嵐美幸)

材料 (2人分)

ジャガイモ (メークイン) … 1/2個
豚肉 (しゃぶしゃぶ用) … 100g
春菊 (ちぎる) … 40g
A
| ヨーグルト (加糖) … 大さじ1
| 豆板醤 … 小さじ1
| 醤油 … 大さじ1
| ニンニク (すりおろし) … 小さじ1
| 砂糖 … 大さじ1/2
| 酢 … 大さじ1/2
| ゴマ油 … 大さじ2

作り方

1. ジャガイモは皮をむき、スライサーで縦に薄くスライスし、水にさらす(a)。沸騰した湯に入れてさっとゆでる(10秒ぐらい。b)。火を止めて網で取り出し(c)、流水に当てて冷やす。
2. 火を止めた1の湯に豚肉を入れ、箸でゆすりながらさっとゆで(d)、ザルに取り出して水気を切る(e)。
3. Aを混ぜ合わせてたれを作る。
4. 1のジャガイモ、2の豚肉、春菊、3のたれをボウルで合わせ(f)、器に盛る。

ポイント

- ジャガイモと豚肉の火の通し加減がポイント。ジャガイモはゆですぎないようにし、歯応えを残す。豚肉は沸騰湯に入れると固くなるので、火を止めた湯に入れてゆでる。
- 春菊は手でちぎったほうが香りが出ておいしい。

サラダ

カリカリポテトサラダ

カリカリに揚げたポテトチップと
たっぷりのハーブ、柚子の香りの組み合わせがおいしい。
ジャガイモは大きめにスライスしたほうが、楽しい仕上がりになります。
（料理／五十嵐美幸）

材料（2人分）

ジャガイモ（メークイン）… 1個
ハーブ
　クレソン、ワサビ菜、イタリアンパセリ、
　　ルコラ … 各適量（好みで）
柚子（レモンでも可）… 1/2個
A
　フレッシュペッパー
　　（生コショウの塩漬け。なければ
　　酢漬けのケッパーでもよい）
　　… 小さじ1
　塩 … ひとつまみ
　太白ゴマ油 … 大さじ2
揚げ油（サラダ油）… 適量

作り方

1. ジャガイモは皮付きのままスライサーなどで縦に薄くスライスし、水にさらす。水分をよくふき取り、180℃に熱した油でカリッと揚げて、油を切る。
2. 柚子の皮は細切りにし、実のほうは絞り、汁をとっておく。
3. ハーブはすべてさっと水洗いし、水気を切って一口大に切る（手でちぎったほうが香りが出る）。
4. 2の柚子の絞り汁大さじ1とAを混ぜ合わせ、たれを作る。
5. 1のジャガイモ、3のハーブ、柚子の皮を軽く混ぜて器に盛り、4のたれをかける。

じゃがいもとトマトのマスタード仕立て

揚げたジャガイモ、さっぱりとしたトマトとみょうが、
ピリッとしたマスタード風味のたれと、味の変化があって食べ飽きません。
(料理／五十嵐美幸)

材料（2人分）

- ジャガイモ（男爵）… 1個
- トマト（中）… 1個
- みょうが … 1個
- A
  - マスタード … 大さじ1
  - 酢 … 大さじ1
  - 醤油 … 大さじ1/2
  - 砂糖 … 大さじ1
  - 生姜（すりおろし）… 大さじ1
- ゴマ油 … 大さじ2
- 揚げ油（サラダ油）… 適量

作り方

1. ジャガイモは丸ごと30分蒸した後、皮付きのまま縦4等分のくし形に切る。180℃に熱した油で素揚げし、油を切る。
2. トマトは皮を湯むきして、4等分のくし形に切る。みょうがは細切りにする。
3. Aを混ぜ合わせてたれを作る。
4. 1、2を器に盛り、3のたれをかける。
5. 熱く熱したゴマ油を、4にジュッとかける。

ポイント

食べるときに軽く混ぜてたれをからめると、よりおいしい。

サラダ

じゃがいもの辛みチーズポテトサラダ

ピリ辛おつまみサラダ！ナッツがおいしいアクセント。
(料理／五十嵐美幸)

材料（2人分）

- ジャガイモ（男爵）… 1個
- キュウリ … 1/2本
- アボカド … 1/2個
- ミックスナッツ … 適量（好みで）
- **A**
  - 白味噌 … 大さじ1/2
  - ヤンニン（市販※）… 大さじ1
  - 酢 … 大さじ1/2
  - ゴマ油 … 大さじ1
  - クリームチーズ … 大さじ1
  - ニンニク（すりおろし）… 小さじ1
  - 醤油 … 小さじ1
  - 砂糖 … 小さじ1
  - ラー油 … 適量（好みで）

※ヤンニン（ヤンニョンジャン）：唐辛子、米麹、ニンニク、ゴマ油などを原材料とする韓国調味料。

作り方

1. ジャガイモは丸ごと30分蒸した後皮をむき、一口大に切る。
2. キュウリは皮をとらむき（部分的にむく）し、2cm角に切る。アボカドも皮をむき、2cm角に切る。ナッツは軽く砕く。
3. Aを混ぜ合わせてたれを作る。
4. 1、2を3のたれで和えて器に盛る。

じゃがいも、いいだこ、オリーブの温かいサラダ

ジャガイモの合間に見え隠れするイイダコが楽しい。
（料理／佐藤護）

材料（2人分）

ジャガイモ（インカのめざめ）… 40g
イイダコ … 5ハイ
黒オリーブ … 10個

A
  玉ネギ（薄切り）… 1個分
  ニンジン（薄切り）… 1本分
  セロリ（薄切り）… 2本分
  レモン … 1/2個
  白ワイン … 50cc
  水 … 5ℓ

B
  レモン果汁（または
    白ワインビネガー）… 適量
  イタリアンパセリ
    （みじん切り）… 適量
  オリーブ油 … 適量
  塩 … 少量

作り方

1. ジャガイモは皮付きのままゆでて皮をむき、一口大に切る。
2. イイダコはAを合わせた中で、やわらかくなるまでゆでて皮を取る。
3. 1、2、黒オリーブを合わせてBで味を調え、器に盛る。

じゃがいもとアボカドの香菜(パクチー)サラダ

香菜好きに喜ばれるサラダです。生姜を加えて作ると、
香菜ソースのクセもやわらぎます。
(料理／島田哲也)

材料(2人分)

ジャガイモ(男爵) … 1個
アボカド … 1個
ブロッコリー(小房に分け、
　塩ゆでしたもの) … 6房
塩 … 適量
香菜(パクチー)ソース(作りやすい量)
　香菜 … 60g
　生姜 … 30g
　松の実 … 10g
　グレープシード油 … 100g
　塩 … 3g
　ニンニク … 4g
　＊合わせてミキサーにかけ、
　ピューレにする。
ピンクペッパー … 適量

作り方

1．ジャガイモは皮をむき、2cm角に切って塩ゆでし、水気を切る。
2．アボカドは縦半分に切って種と皮を除き、半分は縦6等分のくし形切りにする。残りはジャガイモと大きさを合わせた乱切りにする。
3．1のジャガイモ、2の乱切りにしたアボカド、ブロッコリーをボウルに合わせ、香菜ソースを適量加えて和える。
4．2のくし形切りのアボカド3切れずつで、円を作るように皿に盛り、中央の空いた部分に3を盛り付け、ピンクペッパーを散らす。まわりを香菜ソースで飾る。

せん切りのじゃがいもサラダ レフォール風味

レフォール(ホースラディッシュ)風味のマヨネーズが大人の味わいです。
(料理/島田哲也)

材料(1人分)

ジャガイモ(メークイン) … 1個
ミニアスパラガス(塩ゆでする) … 4本
塩 … 適量

レフォール風味のマヨネーズ
　マヨネーズ大さじ1に対し、
　すりおろしたレフォール(市販。冷凍)
　小さじ1/2を混ぜ合わせ、黒ゴマ
　小さじ1を加える。
ピンクペッパー … 少量

作り方

1. ジャガイモは皮をむき、縦に5mm厚さの薄切りにしてから、縦に細切りにする。
2. 1を水から入れて、煮崩れないように注意しながら弱火で塩ゆでする。すぐに氷水に落とし、冷えたら水気を取る。
3. 2のジャガイモにレフォール風味のマヨネーズを加えてやさしく和える。
4. 3を器に盛り、ミニアスパラガスをのせてピンクペッパーを散らす。

ポイント

ジャガイモをゆですぎないのがポイント。水から入れて、沸騰後だいたい1分ほどでゆで上がる。好みにもよるが、少しシャリッとするくらいでもおいしい。

じゃがいもとにんじんの温サラダ仕立て

ジャガイモとニンジンの歯応えがおいしい。
さっぱりとした味つけなので、いくらでも食べられます。
（料理／五十嵐美幸）

材料（2人分）

ジャガイモ（メークイン）… 1個（200g）
ニンジン … 1/2本（100g）
ベビーキャロットの葉 … 適量（好みで）
A
　酢 … 大さじ1
　ゴマ油 … 大さじ2
　塩 … 小さじ1/2
　砂糖 … ひとつまみ
　鶏ガラスープ（有塩）… 大さじ1

作り方

1. ニンジンは皮をむき、斜め薄切りにしてから細切りにする。ジャガイモも皮をむき、同様に斜め薄切りにしてから細切りにし、水にさらす。
2. 1のニンジンとジャガイモを、沸騰した湯でさっと（約10秒）ゆでて水気を切る。
3. Aを混ぜ合わせてたれを作る。
4. 2を3のたれで和えて器に盛り、ベビーキャロットの葉を飾る。

ポイント

ジャガイモとニンジンはゆですぎず、シャキシャキ感を残すのがポイント。

サラダ

じゃがいも、竹の子、水菜の塩昆布和え

塩昆布がいい調味料になります。
ジャガイモの火の通し加減に気をつけてください。
(料理／小泉功二)

材料（2人分）

ジャガイモ … 160g
竹の子（ゆでたもの）… 1本（150g）
水菜 … 2株
太白ゴマ油 … 大さじ2
塩昆布（細かく刻んだもの）… 適量

作り方

1．ジャガイモは皮をむいてせん切りにし、沸騰した湯でさっとゆでて冷水に取り、水気を切る。
2．竹の子は縦半分に切った後、縦に3mm厚さに切る。
3．水菜は5cmほどの長さに切る。
4．1、2、3をボウルに入れ、太白ゴマ油と塩昆布を加えて和える。

ポイント

・ジャガイモはできるだけ水菜と太さを揃えるとよい。細く切るには、かつらむきにするかスライサーを使用して薄切りにした後、細切りにする(p.112参照)。
・ジャガイモは火を通しすぎないように。

おつまみ

アミューズや突き出し、酒の肴として活躍してくれそうな料理です。
ジャガイモを、存在感のある付け合わせとして
使用しているものもあります。
ワインや日本酒など、好みのお酒に合わせてどうぞ。

ハムとじゃがいものムース

簡単なのに、とってもおいしいムース。
パンに塗ってカナッペのようにしてどうぞ。ワインに合わせてアミューズに。
(料理／島田哲也)

材料 (作りやすい量)

ムース
ロースハム … 100g
ジャガイモ (皮をむいてゆで、水気を
　とばしてつぶしたもの。a) … 50g
生クリーム … 100g＋60g
板ゼラチン … 2g
塩、コショウ、ナツメグ … 各少量

付け合わせ
紅芯大根 (5mm角のせん切りにして
　塩でもみ、しんなりした後
　レフォール風味のマヨネーズ
　〈p.15参照〉で和えたもの)、
　パン (好みのもの) … 各適量
ミニョネット (つぶした黒粒コショウ)、
　サリエット (ハーブ。ディルなど
　他のハーブでもよい) … 各適量

作り方

1. 粗く切ったロースハムをフードプロセッサーに入れ、沸かした100gの生クリームを加えて攪拌する(b)。
2. 1がピューレ状になったら、水で戻したゼラチンとつぶしたジャガイモも加え(c)、更によく攪拌する。
3. 2をボウルに移し(d)、60gの泡立てた生クリーム、塩、コショウ、ナツメグを加えてさっくりと合わせる(ef)。
4. 3をスプーンで形作って器に盛り、付け合わせの紅芯大根、スライスしたパンを添え、サリエットを散らし、ミニョネットをふる。

ポイント

- ハムはできるだけ細かいピューレにしておくと、なめらかなムースになる。
- 泡立てた生クリームは、さっくりと合わせる。混ぜすぎると重いムースになってしまうので注意。

おつまみ

じゃがいもと塩鱈のブランダータ

タラにジャガイモなどを合わせて作るペーストです。
本来は干しダラを戻して使いますが、ここでは手に入りやすい塩ダラを使っています。
（料理／佐藤護）

材料（4人分）

ジャガイモ（メークイン）… 2個
塩ダラ（皮や骨を除いた身）… 100g
花ズッキーニ（花の部分を半分に切ったもの）… 6本分
塩、白コショウ … 各少量

A
　ニンニク … 1粒
　赤唐辛子 … 1本
　ローリエ … 1枚
　サラダ油 … 1ℓ

B
　小麦粉（00粉※）… 100g
　炭酸水 … 200cc
　＊混ぜ合わせる。

揚げ油（サラダ油）… 適量
黒オリーブ、ドライトマト、サラダ菜
　… 各適量

※00粉がなければ、強力粉と薄力粉を半々で混ぜ合わせて使用する。

作り方

1. ジャガイモは皮付きのままゆでて皮をむき、つぶしておく。
2. 鍋にタラを入れ、Aを加え（サラダ油はタラ全体が浸るように）、弱火で30〜40分火を入れる。
3. 2からタラを取り出し、1と合わせてフードプロセッサーで回す。ようすを見ながら、2のタラを煮たオイルを少しずつ加えて固さを調整する。塩、コショウで調味する。
4. 花ズッキーニにBの衣をつけ、油で揚げる。油を切り、塩、コショウをする。
5. 4の上に3を盛り付け、ドライトマトと黒オリーブを飾る。サラダ菜を敷いた皿に盛り付ける。

ポイント

花ズッキーニがなければ、クラッカーや焼いたパンなどにのせてもよい。

じゃがいものプレア いかすみ煮込み添え

プレアはジャガイモのペースト（ピューレ）のことです。
黒いイカスミを使った煮込みとは、ぴったりの組み合わせ。
（料理／佐藤護）

材料（4人分）

ジャガイモ（メークイン）… 400g
A
　生クリーム … 120cc
　無塩バター … 40g
　塩、コショウ … 各少量
B（ソフリット）
　玉ネギ（みじん切り）… 1/2個分
　ニンジン（みじん切り）… 1/2本分
　セロリ（みじん切り）… 1/2本分
　ニンニク（みじん切り）… 1/2粒分
　赤唐辛子 … 1/2本
　オリーブ油 … 適量
ヤリイカ（皮をむいて短冊切りにした身）
　… 4ハイ分
アンチョビ（みじん切り）… 2枚分
白ワイン … 100cc
トマトホール（缶詰。裏漉す）… 300g
イカスミペースト（市販）… 50g
イタリアンパセリ（粗みじん切り）… 適量

作り方

1. ジャガイモのプレアを作る。ジャガイモは皮付きのままゆでて皮をむき、裏漉す。熱いうちに**A**を混ぜて味を調える。
2. イカスミ煮込みを作る。**B**のニンニクと赤唐辛子、オリーブ油を鍋に入れて火にかける。香りが出たら玉ネギ、ニンジン、セロリを加え、オリーブ油をひたひたに足して、じっくり炒めてソフリットを作る。
3. 2にアンチョビとヤリイカを入れ、水分がなくなるまで炒めたら、白ワインを入れてしっかり煮詰める。水をひたひたに加えてイカがやわらかくなるまで煮たら、裏漉したトマトホール、イカスミペーストを入れて味を調える。
4. 1と3を皿に盛り、イタリアンパセリを散らす。

ゆでじゃがいものタプナードソース

ジャガイモと相性のよい黒オリーブのソース（タプナード）を合わせました。
タプナードは作り置きできるので、少し多めに作っておいてもよいでしょう。
（料理／島田哲也）

材料（2人分）

ジャガイモ（メークイン）… 大1個
オクラ（塩ゆでして斜め切りにしたもの）
　… 2本分
塩 … 適量
タプナード（作りやすい量）
　アンチョビ … 5g
　黒オリーブ（種なし。缶詰）
　　… 1缶（225g）
　ニンニク … 1/2粒
　ケッパー … 5g
　グレープシード油 … 75cc
　＊合わせてフードプロセッサーにかけ、
　ピューレにする。

作り方

1．ジャガイモは皮をむいて1cm厚さの輪切りにし、塩ゆでする。
2．1の水気を切ってボウルに入れ、温かいうちにタプナードを大さじ1加えて和える。オクラも加えて合わせる。

ポイント

冷めてもおいしく食べられるが、ジャガイモが温かいうちにタプナードで和えると、オリーブの香りが立つ。

じゃがいもとホタテのカルパッチョ タプナード添え

ジャガイモは、黄色みの強い"インカのめざめ"を使っています。
白いホタテと一緒に盛り合わせると美しい。
(料理／佐藤護)

材料（2人分）

ジャガイモ（インカのめざめ）… 2個
ホタテ貝柱（むき身）… 4個
レモン果汁 … 少量
E.V.オリーブ油 … 適量
レモンフレーバーオイル（市販）… 適量
ディル … 適量
ピンクペッパー … 適量
塩、白コショウ … 各少量
タプナード
| ドライトマト … 6個
| 黒オリーブ … 15個
| ケッパー … 10g
| サラダ油 … 50cc
| 塩、白コショウ … 各少量

作り方

1. ジャガイモは皮をむいて5mm厚さに切り、塩を入れた湯で2分ゆで、氷水にあける。
2. ホタテは塩を入れた湯でさっとゆがき、氷水で冷ましておく。
3. タプナードの材料をミキサーにかけて塩、白コショウで味を調える。
4. 水気を切った1のジャガイモを皿に敷き、塩、白コショウ、E.V.オリーブ油をかける。その上に2のホタテを厚めにスライスしてのせ、塩、白コショウ、レモン果汁をかけ、3のタプナード、ディル、軽くつぶしたピンクペッパーをのせて、レモンフレーバーオイルをかける。

ポイント

ジャガイモはゆですぎないように。

おつまみ

じゃがいもとサーモンのテリーヌ

おつまみ

カラブリア風　豚とじゃがいものサラミ仕立て

じゃがいもとサーモンのテリーヌ

白と赤のコントラストが美しいテリーヌ。
切ったときの断面をイメージしながら詰めるといいでしょう。
(料理／島田哲也)

材料（15cm長さのテリーヌ型1本分）

金時ニンジン … 1/4本
スモークサーモン（厚切り）… 5切れ
ジャガイモ（メークイン）… 1個
クリームチーズ … 500g
生クリーム … 200cc
エシャロット（みじん切り）… 1/3個分
ニンニク（みじん切り）… 1/3粒分
塩 … 適量
ピスタチオ（砕いたもの）… 適量
付け合わせ
　ビーツ（乱切り）、ヨーグルト（プレーン）
　　… 各適量
　＊ビーツをアルミホイルに包んでオーブンで火を入れ、食べやすい大きさの乱切りにし、ヨーグルト（ビーツ1切れに対して大さじ1程度）で和える。
　サリエット（ハーブ）… 少量

作り方

1. ジャガイモは皮をむいて乱切りにし、塩ゆでする。
2. クリームチーズをボウルに入れ、常温でよく練る。生クリームを加えて再びよく練る。エシャロットとニンニクを入れて、更によく練る。
3. 金時ニンジンの皮をむき、縦2mm厚さにスライスする。
4. テリーヌ型にラップフィルムを敷き詰め、端をはみ出させておく。3のニンジンを短辺に平行に敷き詰め、端を型の外側にたらしておく。
5. 2のクリームチーズは絞り袋に入れる。4の型に、1のジャガイモ、スモークサーモン、クリームチーズを層になるように詰めていく。詰め終わったらたらしておいたニンジンを上の面にかぶせ、ラップフィルムをかぶせる。
6. 5の上にバットなどをのせ、500gほどの重石（缶詰などを利用する）をし、冷蔵庫で冷やし固める（2時間ほどで固まる）。
7. 適当な厚さに切り分けて器に盛り、ピスタチオをふる。付け合わせのビーツを添え、サリエットを飾る。

ポイント

クリームチーズは絞り袋に入れて、サーモンとジャガイモの間を埋めるようにしながら詰めるとよい。

カラブリア風
豚とじゃがいものサラミ仕立て

さまざまな食感と深い味わいが楽しめるサラミです。
(料理／佐藤護)

材料(作りやすい量)

豚足 … 2本
豚舌 … 2本
豚耳 … 2枚

A
　岩塩 … 800g
　ローズマリー … 2枝
　ドライオレガノ … 10g
　ローリエ … 3枚
　ニンニク(皮をむく) … 1房
　＊合わせてミキサーにかけておく。

B
　玉ネギ(薄切り) … 120g
　ニンジン(薄切り) … 100g
　セロリ(薄切り) … 80g
　ローリエ … 1枚
　レモン果汁 … 10cc
　白ワイン … 150cc

C
　ジャガイモ(メークイン。ゆでて1cm
　　角に切ったもの) … 320g
　パプリカパウダー … 5g
　カイエンペッパー … 1g
　オリーブ油 … 少量
　塩、コショウ … 各少量

D
　フェンネルシード … 3g
　赤ワインビネガー … 10cc
　ニンニク(みじん切り) … 少量
　ニンニクオイル … 少量
　(みじん切りのニンニクをオリーブ油
　漬けにして、香りを移したオイル)
　白コショウ … 少量

作り方

1. 豚足と豚舌は竹串で数ヵ所を刺しておく。豚耳は半分に切り、バーナーで残っている毛を焼く。
2. 1をAで1日マリネする。
3. 2を流水に30分さらした後、Bとともに鍋に入れ、ひたひたの水を加えてやわらかくなるまでゆっくりゆでる(ゆで湯も使用する)。
4. 3がゆで上がったら豚足の骨をはずし、豚舌の皮をはぎ、すべてゆで汁に入れたまま冷ます。冷めたら豚舌は1cm角に、豚耳と豚足は大ぶりに切る。
5. Cは混ぜ合わせておく。これを4の豚足、豚舌、豚耳と合わせ、ゆで湯100ccとDで調味する。
6. 5を真空袋に入れて真空パックにし、パックのまま直径8cmほどの円柱形に成形する。アルミホイルでくるんで固定し、氷水で冷ました後、冷蔵庫で一晩やすませる。
7. スライスして皿に盛り、オリーブ油(分量外)をかけてサラダ(分量外)を添える。

おつまみ

きのことじゃがいものマリネ

おつまみ

じゃがいものふき味噌和え

じゃがいもの木の芽味噌和え

おつまみ

きのことじゃがいものマリネ

マスタードの風味がおいしい、おつまみにぴったりの一品。
ジャガイモもキノコも、あまり小さく切りすぎないほうがいいでしょう。
（料理／島田哲也）

材料（2人分）

ジャガイモ（メークイン）… 1個
ニンニク（みじん切り）… 1/2粒分
シイタケ … 4個
シメジ（石づきを除いてほぐす）
　　… 1/2パック
マッシュルーム（縦半分に切る）
　　… 4個分
ソラ豆（塩ゆでにして薄皮をむいたもの）
　　… 6粒
塩 … 適量
グレープシード油 … 大さじ1
白ワイン … 50cc
粒マスタード … 大さじ2
イタリアンパセリ … 適量
粗挽き黒コショウ … 適量

作り方

1．ジャガイモは皮をむき、縦にくし形に切り、塩ゆでにする。水気を切る。
2．フライパンにグレープシード油をひいてニンニクを入れて火にかける。香りが立ってきたらシイタケ、シメジ、マッシュルームを入れて、弱火でソテーする（あまり色づけないように）。
3．2のキノコに火が入ったら、1のジャガイモとソラ豆を入れて和え、温まったら白ワインを加える。ある程度水分がとんだら、ボウルに取り出す。粗熱が取れたら粒マスタードを加えて和え、冷ましておく（できれば冷蔵庫に一晩おくとよい）。
4．器に盛り、粗く切ったイタリアンパセリと黒コショウを散らす。

ポイント

・粒マスタードは火を入れると酸味が強く出てくるので、必ず火を止めてから加える。
・できたてでもおいしく食べられるが、一晩おくと味がなじんで更においしくなる。

じゃがいものふき味噌和え

濃厚なふき味噌で和えれば、お酒にぴったりの肴に。
ジャガイモは、ちょっと楽しい形にしてみました。
(料理／小泉功二)

材料（2人分）

ジャガイモ … 80g
ふき味噌
　フキノトウ … 3個
　田舎味噌 … 20g
　揚げ油（サラダ油）… 適量

作り方

1. ジャガイモは蒸して皮をむき、食べやすい大きさに切る（写真はメロンボーラーで丸く抜いたもの）。
2. ふき味噌：フキノトウを160℃ほどの油で揚げる。沸騰湯に通して油抜きし、冷水に落とす。水気を完全に絞った後、包丁で細かく叩く。これを味噌と混ぜ合わせる。
3. 1を2で和える。

じゃがいもの木の芽味噌和え

揚げたジャガイモと木の芽味噌が、
おいしい組み合わせです。
(料理／小泉功二)

材料（2人分）

ジャガイモ … 80g
揚げ油（サラダ油）… 適量
木の芽味噌
　A（作りやすい量）
　　白味噌 … 400g
　　卵黄 … 3個
　　酒 … 30cc
　　みりん … 30cc
　　砂糖 … 90g
　　木の芽 … 30枚

作り方

1. 木の芽味噌を作る。Aを鍋に合わせて火にかけ、卵に火が入るまでヘラで練る。
2. 木の芽をすり鉢で細かくすりつぶし、1の味噌を100g加えて合わせる。
3. ジャガイモは皮をむき、乱切りにして、170℃の油で揚げる。
4. 3を適量の2の味噌で軽く和え、器に盛る。

ポイント

ジャガイモをしっかりキツネ色に揚げ、香りが出るようにする。

おつまみ

鯛手まり

おつまみ

じゃがいも海苔巻き

芋ほたる

おつまみ

鯛手まり

春のおもてなしにぴったりな一品。
細かい煎り卵などをふりかけると、より春らしくなります。
（料理／小泉功二）

材料（8個分）

ジャガイモのペースト（蒸して皮をむき、
　ヘラなどでつぶしたもの）… 200g
鯛（刺身用切り身）… 8枚
木の芽 … 8枚
昆布 … 適量

作り方

1. 鯛は昆布に挟んで昆布締めにしておく(a)。
2. ジャガイモのペーストは、1個25gの団子に丸める。
3. 2の上に木の芽を1枚ずつ置き、1の鯛を1枚ずつのせる(b)。ラップフィルムで包んで茶巾に絞り、形を整える(c)。
4. ラップをはずして器に盛る。

※写真はすりおろしたからすみをふりかけたもの。細かく作った煎り卵をかけてもよい。

a

b

c

じゃがいも海苔巻き

ジャガイモと漬け物を海苔で巻いた、酒の肴にうれしい一品です。
（料理／小泉功二）

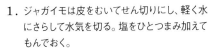

材料（2人分）

ジャガイモ … 適量
好みの漬け物（写真はたくあん、赤カブ、長イモを使用）… 適量
焼き海苔 … 適量
塩 … 適量
煎り白ゴマ … 適量

ポイント

漬け物は、味や色のバランスを考えて2、3種類を組み合わせる。

作り方

1. ジャガイモは皮をむいてせん切りにし、軽く水にさらして水気を切る。塩をひとつまみ加えてもんでおく。
2. 漬け物は、ジャガイモに太さを揃えて細長く切る。
3. まきすの上に海苔を敷き、手前側に1と2を細長く置いて煎りゴマふり、細巻きの要領で巻いていく（abc）。
4. 食べやすい大きさに切って、器に盛る。

a　b　c

芋ほたる

紹興酒漬けのホタルイカに、シンプルなジャガイモのペースト。
合わせて食べるとちょうどいいバランスです。
（料理／小泉功二）

材料（2人分）

ジャガイモ … 適量
ホタルイカ（生）… 適量
A（漬け地）
　水 … 400cc
　醤油 … 200cc
　紹興酒 … 50cc
　砂糖 … 10g
アサツキ（薄い小口切り）… 少量
黄柚子皮（すりおろし）… 少量

作り方

1. Aを合わせた地に、ホタルイカを一晩漬けておく。
2. ジャガイモは蒸して皮をむき、ヘラなどでつぶしておく。
3. 2を器に入れ、上に1を盛り付ける。アサツキをのせ、柚子皮をおろしかける。

おつまみ

せん切りじゃがいも
とびこ和え

牛しゃぶ じゃがいも添え

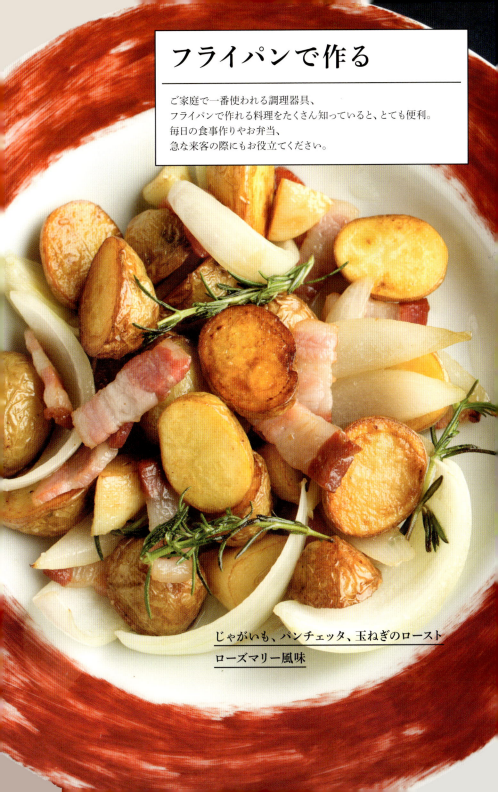

フライパンで作る

ご家庭で一番使われる調理器具、
フライパンで作れる料理をたくさん知っていると、とても便利。
毎日の食事作りやお弁当、
急な来客の際にもお役立てください。

じゃがいも、パンチェッタ、玉ねぎのロースト
ローズマリー風味

おつまみ

せん切りじゃがいも とびこ和え

卵黄とサラダ油で作る「卵の素」が、味をまろやかにまとめます。
(料理／小泉功二)

材料（4人分）

ジャガイモ … 160g
トビコ（だし汁に浸けておく）… 20g
卵の素（作りやすい量）
　卵黄 … 1個
　サラダ油 … 120cc
薄口醤油 … 適量
花穂紫蘇 … 少量
黄柚子皮（すりおろし）… 少量

作り方

1. ジャガイモは5cm長さほどのかつらむきにした後、極細のせん切りにする（p.112参照）。さっとゆでて冷水に落とし、水気をよく切る。
2. 卵の素：卵黄をボウルに入れ、サラダ油を少しずつ加えながら泡立て器で混ぜ合わせる。マヨネーズ状になればよい。
3. 1のジャガイモに、汁気を切ったトビコと好みの量の卵の素を加えてよく和え、薄口醤油で味を調える。
4. 器に盛って黄柚子の皮をおろしかけ、花穂紫蘇を添える。

牛しゃぶ じゃがいも添え

色と食感のコントラストを意識した組み合わせです。
(料理／小泉功二)

材料（2人分）

牛薄切りロース肉 … 4枚
ジャガイモ … 120g
だし汁 … 適量
醤油 … 適量
ゼリー（作りやすい量）
　だし汁 … 600cc
　醤油 … 50cc
　酢 … 20cc
　砂糖 … 5g
　粉ゼラチン … 9g
花山椒（なければ木の芽でもよい）
　… 少量

作り方

1. ジャガイモは皮をむいてせん切りにし、沸騰した湯でさっとゆでて冷水に取り、水気を切る。
2. だし汁に醤油を加えて火にかけ、牛肉を入れて軽く火を通す。
3. ゼリー：だし汁、醤油、酢、砂糖を鍋に合わせてひと煮立ちさせ、ゼラチンを入れて溶かす。粗熱を取ってバットなどに流し、冷蔵庫で冷やし固める。完全に固まったら、泡立て器などで崩す。
4. 2の牛肉を器に盛り、3のゼリーをかけ、1のジャガイモをのせて花山椒を散らす。

じゃがいも、パンチェッタ、玉ねぎのロースト ローズマリー風味

ジャガイモをシンプルにおいしく食べたいときは、この組み合わせ！
(料理／佐藤護)

材料（2人分）

新ジャガイモ … 60g
パンチェッタ（※拍子木切り）… 20g
玉ネギ（くし形切り）… 1個分
ニンニク（皮付き）… 1粒
ローズマリー … 1枝
塩、コショウ … 各少量
オリーブ油 … 適量

※パンチェッタは、豚のバラ肉を塩漬けにしたもの。

作り方

1. 新ジャガイモは洗って皮付きのまま蒸し、半分に切る。
2. フライパンにオリーブ油、皮付きのままつぶしたニンニク、ローズマリーを入れて弱火にかける。
3. 香りが出たら一度ニンニクとローズマリーを取り出し、パンチェッタを入れてじっくり炒める。
4. パンチェッタの脂が出てきたら、1のジャガイモと玉ネギを入れてソテーする。取り出しておいたニンニクとローズマリーを戻し入れ、塩、コショウで味を調える。

ポイント

パンチェッタをじっくり炒めて脂を出し、その脂でジャガイモと玉ネギを炒めるようにする。

鶏とじゃがいものブレゼ

白ワインを加えて煮詰めることにより、鶏肉がふんわりと仕上がります。
ソテーとはまた違うおいしさ。

(料理／島田哲也)

材料(2人分)

鶏モモ肉 … 1枚(250g)
ジャガイモ(メークイン) … 大1個
ニンニク(みじん切り) … 1/2粒分
グレープシード油 … 適量
白ワイン … 50cc
ローズマリー … 1枝
塩、コショウ … 各適量

ポイント

- ジャガイモは皮付きで縦に切ることにより、より存在感が出る。
- お好みで、マスタードを添えてもよい。

作り方

1. 鶏モモ肉は、6等分に切り分け、塩、コショウをする。ジャガイモは皮付きのまま縦にくし形に切る。
2. フライパンにグレープシード油をひいて火にかけ、1の鶏肉を、皮目を下にして入れ、ジャガイモも入れる。出てきた脂をクッキングペーパーでふき取り(a)、ローズマリーを加える。鶏肉はときどき皮目を押しつけるようにし(b)、ジャガイモはときどき転がしながら全体を焼く。
3. 2の鶏肉の皮目が香ばしく焼け(c)、ジャガイモに竹串を刺してみて火が通っていたら、いったんジャガイモとローズマリーを取り出す。
4. 3のフライパンの鶏肉を裏返し、ニンニクを入れ、白ワインを加えてアルコールをとばし(de)、煮詰める。
5. 4にジャガイモとローズマリーを戻し入れ(f)、塩、コショウで味を調える。

フライパンで作る

じゃがいものグランメール風

グランメールとは「おばあちゃん」のことで、
家庭でみんなが作っている料理というニュアンス。
フランスでは昔から作られているガルニチュール（付け合わせ）で、
肉にも魚にも合います。もちろんこれだけで食べてもOK。
（料理／島田哲也）

材料（2人分）

ジャガイモ（男爵）… 大1個
玉ネギ … 1/4個
ベーコン（スライス）… 2枚
ハタケシメジ（石づきを除いて分ける）
　… 1パック
シイタケ（半分に切る）… 2個分
ニンニク（みじん切り）… 1/2粒分
エシャロット（みじん切り）… 1/3個分
パセリ（みじん切り）… 大さじ1
グレープシード油、塩、コショウ、
　粗挽き黒コショウ … 各適量

作り方

1. ジャガイモは皮をむき、6等分の輪切りにする。玉ネギは1cm幅のくし形に切る。ベーコンは1cm幅の短冊に切る。
2. フライパンにやや多めのグレープシード油をひいて1のジャガイモを入れ、香ばしく焼く。薄っすら焼き色がついたら玉ネギを入れてじっくり炒め、ベーコンを加える。
3. 2にシイタケを入れて炒め、更にハタケシメジを入れて炒める。キノコに火が入ったら塩、コショウで味をつけ、ニンニクを加えて軽く炒め、火を止める。エシャロットとパセリを加えて混ぜ、器に盛り、粗く挽いた黒コショウをかける。

ポイント

- それぞれの素材をしっかりと香ばしく炒める。
- ニンニクは最後に加えて軽く炒め、エシャロットとパセリは必ず火を止めてから加えること。香りが立ち、エシャロットのシャリシャリ感も生きてメリハリが出る。

フライパンで作る

じゃがいもとえびのソテー ガーリック風味

じっくりと焼いたエビは殻ごと食べて、香ばしさを味わっていただきたい。
ジャガイモのホクホク感とのコントラストも楽しい。最高のおつまみ。
(料理／島田哲也)

材料（2人分）

ジャガイモ（男爵）… 2個
エビ（無頭殻付きバナメイエビ）… 6尾
ニンニク（粗みじん切り）… 1粒分
スライスアーモンド（生）… 大さじ2
グレープシード油 … 適量
塩、コショウ … 各適量
パセリ（みじん切り）… 適量

作り方

1. ジャガイモは皮をむき、3cmほどの乱切りにして、塩ゆでする。やわらかくなったら湯を切り、ジャガイモの入った鍋を火にかけて水分をとばし、粉を吹かせる。
2. フライパンに少し多めのグレープシード油をひいて、エビを殻付きのまま入れて、低温でゆっくりと焼いていく（転がしながら5分ほど）。
3. 2のエビに火が入ったら、1のジャガイモを加える。
4. 3のジャガイモが焼けたら、ニンニクとアーモンドを加える。香ばしく焼き上がったら塩、コショウで味を調える。
5. 器に盛り、パセリをふる。

ポイント

バナメイエビの殻は、火を入れるとおいしく食べられるので、バナメイエビを使用する（ブラックタイガーだと固い）。

じゃがいもと豚バラ肉の生姜焼き

上の生姜焼きで下のジャガイモを食べる感覚です。
1品でも2品分の優秀おかず。
(料理／五十嵐美幸)

材料(2人分)

ジャガイモ(男爵) … 1個
豚バラ肉(スライス) … 120g
ワケギ … 2本
サラダ油 … 大さじ1
A
| 生姜(すりおろし) … 大さじ1
| 鶏ガラスープ(有塩) … 大さじ2
| オイスターソース … 大さじ1
| 醤油 … 大さじ1/2
| 酢 … 大さじ1/2

作り方

1. ジャガイモは丸ごと30分蒸す。皮付きのまま4等分の輪切りにする。ワケギは小口切りにする。豚バラ肉は5cm幅に切る。
2. フライパンにサラダ油をひき、1のジャガイモを入れて、焼き目がつくまで両面をしっかり焼く。器に盛る。
3. 2のジャガイモを取り出した後のフライパンに、1の豚肉を入れて炒める。火が通ったらAを加えて炒め、最後に1のワケギを入れて軽く炒める。
4. 2の上に3を盛り付ける。

フライパンで作る

じゃがいもと干しえびの塩炒め

干しエビの風味を生かしたシンプルな塩炒めです。
(料理／五十嵐美幸)

材料(2人分)

ジャガイモ(ノーザンルビー。
　男爵でもよい)… 150g
長ネギ … 1/2本
A
　干しエビ … 15g
　塩 … 小さじ1
　太白ゴマ油 … 大さじ1
揚げ油(サラダ油)… 適量

作り方

1. ジャガイモは皮付きのまま5mm厚さの輪切りにする。180℃に熱した油でしっかり火が通るまで素揚げし、油を切る。
2. 長ネギは斜め薄切りにする。
3. Aの干しエビは水をひたひたに加え、5分ほどおいて軽く戻す。
4. フライパンに、3の干しエビ(戻し汁ごと)と残りのAを入れて炒める。香りが出てきたら2のネギを入れて軽く炒め、1のジャガイモを入れて炒める。

フライパンで作る

じゃがいものクリーム炒め

むっちりしたジャガイモを、アサリの旨みが溶けたスープでどうぞ。
（料理／五十嵐美幸）

材料（2人分）

ジャガイモ（インカのめざめ）
　… 180g（小4個）
アサリ（砂抜きしたもの）… 8個
白菜 … 2枚
鶏ガラスープ（有塩）… 200cc
水溶き片栗粉（片栗粉1：水1）
　… 大さじ1
生クリーム … 大さじ1
サワークリーム … 大さじ1
揚げ油（サラダ油）… 適量

作り方

1. ジャガイモは皮付きのまま丸ごと30分蒸した後、180℃に熱した油で素揚げする。
2. 白菜は一口大のそぎ切りにする。
3. フライパンに2の白菜、1のジャガイモ、鶏ガラスープを入れて煮込む。
4. 白菜がやわらかくなったらアサリを入れ、フライパンに蓋をする。アサリの口が開いたら水溶き片栗粉を入れてとろみをつけ、生クリームとサワークリームを加える。

ポイント

ジャガイモは、蒸してから揚げることによってもっちり感が出る。

フライパンで作る

卵とじゃがいもの炒め焼き

おつまみにもおかずにもなる一品。
ジャガイモはこんなふうに細切りにすると、食感がより楽しめます。
(料理／五十嵐美幸)

材料(2人分)

ジャガイモ(メークイン) … 1/2個
ニラ … 1/2束
卵 … 2個
チーズ(ピザ用) … 50g
コショウ … 少量
サラダ油 … 大さじ2

a

作り方

1. ジャガイモは皮をむき、3mm厚さの薄切りにした後細切りにし、水にさらす。沸騰した湯でさっと(約10秒)ゆで、流水にさらして冷やす。
2. ニラはみじん切りにする。
3. ボウルに卵、1のジャガイモ、2のニラ、チーズ、コショウを入れて混ぜる(a)。
4. フライパンにサラダ油を入れて温め、3を入れる。下の面に焼き目がついたら裏返して両面とも焼く。
5. 食べやすい大きさに切り、器に盛る。

フライパンで作る

じゃがいものリヨネーズ

フライパンで作る

じゃがいもと鶏肉の柚子胡椒炒め

フライパンで作る

じゃがいものリヨネーズ

フランスのリヨン地方のお惣菜。チキンコンソメ（ブイヨン）を加えて
しっとりと仕上げています。おつまみや付け合わせとしても重宝します。

（料理／島田哲也）

材料（2人分）

ジャガイモ（メークイン）… 1個
赤玉ネギ … 1/2個
ベーコン（薄切り）… 1枚
グリーンピース（塩ゆでにしたもの）
　… 適量
グリュイエール・チーズ
　（すりおろしたもの）… 適量
グレープシード油 … 適量
チキンコンソメ（市販品でも可）
　… 50cc
白ワイン … 50cc
サリエット（ハーブ。またはタイム）
　… 少量

作り方

1．ジャガイモは皮をむいて1cm厚さの輪切りにする。赤玉ネギは、縦に5mm厚さほどの薄切りにする。ベーコンは短冊に切る。
2．フライパンにグレープシード油をひいて、1を入れて軽く炒める（a）。
3．2にチキンコンソメと白ワインを注ぎ、蓋をして蒸し煮する（bcd）。
4．3のジャガイモに竹串を刺し、スッと通るまで火が入っていたらグリーンピースを加え、グリュイエール・チーズをかけて、サリエットを散らし、再び蓋をする（ef）。チーズが溶けたら器に盛る。

ポイント

グリーンピースを加えてから器に取り出し、チーズとハーブをかけて、トースターで軽く焼き目をつけてもよい。

じゃがいもと鶏肉の柚子胡椒炒め

柚子コショウの爽やかな辛みが、シンプルな素材によく合います。
(料理/五十嵐美幸)

材料(2人分)

鶏胸肉 … 1枚
ジャガイモ(インカのめざめ)
　　… 180g(小4個)
ズッキーニ … 1/2本
鶏ガラスープ(有塩) … 100cc
柚子コショウ … 小さじ1
A
　日本酒 … 小さじ1
　コショウ … 少量
　醤油 … 小さじ1
片栗粉 … 大さじ1½
卵白 … 大さじ1
サラダ油 … 大さじ1½
揚げ油(サラダ油) … 適量

作り方

1. 鶏胸肉は筋を取り、厚みを半分に切った後(a)、繊維に沿って一口大に切る。ボウルに入れ、Aを加えて混ぜ合わせる。続いて片栗粉、卵白を入れて混ぜる(b)。最後にサラダ油を入れて軽く混ぜる(c)。
2. ズッキーニは5mm厚さの輪切りにする。ジャガイモは皮付きのまま5mm厚さの輪切りにし(d)、水にさらす。水気を取る。
3. 2のジャガイモを180℃に熱した油に入れて素揚げし、火が通ったら続いて鶏肉を入れ(e)、最後にズッキーニを入れて揚げ、ザルにあけて油を切る(f)。
4. フライパンに鶏ガラスープと柚子コショウを入れて火にかけ、沸騰したら3を入れて炒める(g)。水分が少なくなったらでき上がり(h)。

フライパンで作る

<u>スパニッシュオムレツ</u>

フライパンで作る

じゃがいものガレット

じゃがいもとモッツァレラ・チーズの
トルティーノ 生ハムを添えて

フライパンで作る

スパニッシュオムレツ

朝食やブランチにぴったり。
（料理／島田哲也）

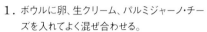

材料（直径24cmのフライパン1枚分）

卵 … 3個
生クリーム … 30cc
パルミジャーノ・レッジャーノ・チーズ
　（すりおろしたもの）… 大さじ2
ジャガイモ（男爵）… 1/2個
A
　ブロッコリー（小房に分けて
　　塩ゆでしたもの）… 4房
　カリフラワー（小房に分けて
　　塩ゆでしたもの）… 4房
　赤パプリカ（縦にくし形切りに
　　したもの）… 1/3個分
　ミニアスパラガス（塩ゆでしたもの）
　　… 4本
グレープシード油 … 適量
ミックスハーブ（ディル、イタリアンパセリ、
　チャーヴィル）、オリーブ油、塩
　　… 各適量

作り方

1. ボウルに卵、生クリーム、パルミジャーノ・チーズを入れてよく混ぜ合わせる。
2. ジャガイモは皮をむいて乱切りにし、塩ゆでする。水気を切り、1に加えておく。
3. フライパンに少し多めのグレープシード油を熱し、2の卵液を流し入れる（a）。箸で全体を混ぜ（b）、2割程度火を入れたら火を止める。
4. 3の上に**A**の野菜をのせ（c）、180℃のオーブンに2〜3分入れて卵に火を通す。
5. 4を器に盛り、ミックスハーブをオリーブ油と塩で和えてのせる。

a

b

c

じゃがいものガレット

このまま食べても、肉料理のつけ合わせにしても。
(料理／島田哲也)

材料（直径20cmのフライパン1枚分）

ジャガイモ（メークイン。皮をむき、
　縦にせん切りにしたもの）… 大2個分
玉ネギ（厚めにスライス）… 1/2個分
ベーコン（短冊切り）… 薄切り2枚分
グリーンピース（塩ゆでしたもの）
　… 適量
グレープシード油、塩 … 各適量
無塩バター … 5g
万能ネギ（塩ゆでしてオリーブ油を
　かけたもの）… 適量

作り方

1. ジャガイモはボウルに入れ、塩をひとつまみふって15分ほどおき、水分を抜いておく。
2. 玉ネギをグレープシード油を熱したフライパンに入れ、色づけないようにじっくり炒めてベーコンを加え、火を入れる。
3. 別のフライパンに、多めのグレープシード油をひいて火にかけ、1の水分をクッキングペーパーでとり、半量を広げて入れる。
4. 縁から2cm内側に、2とグリーンピースをちりばめ、残りのジャガイモをのせて挟む。中火弱でじっくり焼き色をつける（くっついてくる）。フライ返しでひっくり返し、両面に焼き色をつけ、仕上げにバターを加えて香りをつける。
5. 切り分けて器に盛り、万能ネギを添える。

じゃがいもとモッツァレラ・チーズの
トルティーノ 生ハムを添えて

フリウリ地方で見られる"フリッコ"をアレンジ。
モッツァレラ・チーズと生ハムをのせてみました。
(料理／佐藤護)

材料（2人分）

ジャガイモ（メークイン）… 2個
パルミジャーノ・レッジャーノ・チーズ
　（すりおろし）… 8g
モッツァレラ・チーズ … 40g
生ハム … 4枚
無塩バター … 適量
塩、白コショウ … 少量

作り方

1. ジャガイモは皮付きのままゆでて皮をむき、薄切りにする、パルミジャーノ・チーズを加えて混ぜ、塩、コショウで味を調える。
2. フライパンにバターを溶かして1を入れ、1.5cmほどの厚さになるように広げながら焼く。
3. 両面を焼いたらモッツァレラ・チーズをのせて、パルミジャーノ・チーズ（分量外）をふり、オーブンで更に焼く。
4. チーズが溶けたら皿に盛り、生ハムをのせる。

フライパンで作る

じゃがいものクレープ
(クレープ・パルマンティエ)

ジャーマンポテト

フライパンで作る

えびのじゃがいも包み揚げ

フライパンで作る

じゃがいものクレープ （クレープ・パルマンティエ）

パルマンティエとはジャガイモのピューレのこと。カナッペ風に
食べていただきたいので、少し塩味のあるものを添えるとよいでしょう。
（料理／島田哲也）

材料（作りやすい量）

A
  ジャガイモ（ゆでて裏漉したもの）
    … 250g
  薄力粉（ふるっておく）… 40g
  卵 … 2個
  牛乳 … 50g
グレープシード油 … 少量
スモークサーモン … 適量
カシスマスタード
  マヨネーズ … 40g
  カシスマスタード（市販）… 40g
  クレーム・ド・カシス … 8g
  ＊混ぜ合わせる。
ディル … 適量

作り方

1. Aの材料をボウルに入れ、よく混ぜ合わせる。できれば冷蔵庫で2〜3時間ねかせる。
2. フライパンを弱火で熱してグレープシード油を薄くひき（テフロン加工のフライパンなら必要ない）、1の生地をスープスプーンで取ってゆっくりと、直径5cmくらいに丸く落とす。
3. 下の面が焼けたら裏返して両面とも焼き、器に盛る。スモークサーモン、ディル、カシスマスタードを添える（クレープにのせて食べる）。

ジャーマンポテト

ビールのつまみにぴったり！
（料理／島田哲也）

材料（2人分）

ジャガイモ（男爵）… 1個
赤パプリカ（縦にくし形切り）
  … 1/4個分
玉ネギ（くし形切り）… 1/4個分
エリンギ（縦に裂く）… 1本分
シイタケ（薄切り）… 2個分
ベーコン（スライスを短冊切り）… 2枚分
グレープシード油、塩、コショウ … 各適量
グリュイエール・チーズ（すりおろしたもの）
  … 適量
パセリ（みじん切り）… 少量

作り方

1. ジャガイモは皮をむいて縦に大きめのくし形切りにし、塩ゆでする。
2. フライパンにグレープシード油をひいて1のジャガイモを入れ、香ばしく焼く。
3. 2に玉ネギ、エリンギ、シイタケ、ベーコンを入れて炒め合わせる。火が入ったらパプリカを加え、塩、コショウをし、提供用のフライパンに移す。
4. 3にグリュイエール・チーズをかけて、200℃のオーブンで5分ほど焼く（チーズが溶ければよい）、焼き上がったらパセリをふる。

えびのじゃがいも包み揚げ

食べ応えや歯応えがプラスされるだけでなく、
見た目のサプライズも加えることのできるジャガイモの使い方。
（料理／島田哲也）

材料（2人分）

エビ（ブラックタイガー。尾を残して
　頭と殻を除いたもの）… 2尾
ジャガイモ（メークイン）… 大1個
塩 … 適量
コーンスターチ … 小さじ1
サラダ油 … 適量
カシスマスタード（p.58参照）、
　ブロッコリー（塩ゆでしたもの）、
　パプリカパウダー … 各適量

作り方

1. エビは腹側に浅い斜めの切り目を数本入れ、身を軽く押しておく（こうするとエビが曲がらない）。
2. ジャガイモは皮をむき、縦に薄切りにしてから、縦にせん切りにする(a)。
3. 2をボウルに入れ、塩をして全体になじませておく(b)。
4. 3のジャガイモがしんなりしたら、水気をクッキングペーパーでしっかり取り、コーンスターチをまぶして（ c ）平らに広げ、1のエビをのせて、尾を残してジャガイモで包む(de)。
5. フライパンに少し多めのサラダ油を熱し、4を入れて中火弱くらいでじっくりと火を通す（フライパンを斜めにし、たまった油で揚げるようにするとよい。f ）。
6. 油を切って器に盛り、ブロッコリーとカシスマスタードを添え、パプリカパウダーをふる。

フライパンで作る

じゃがいもと太刀魚のインボルティーニ
アンチョビソース

オーブンで作る

オーブン料理の楽しさは、オーブンの扉を開けた瞬間や、料理を切り分けるときのワクワク感。
少し時間のかかるものもありますが、ぜひ挑戦してみてください。

アッシェ・パルマンティエ

フライパンで作る

じゃがいもと太刀魚のインボルティーニ アンチョビソース

素材にジャガイモを巻きつけてソテーすることにより、
別の食感や味が加わり、ボリュームもアップします。
素材はマトウダイやヤガラなど他のものに替えても同様に作れます。
(料理／佐藤護)

材料 (1人分)

ジャガイモ (メークイン) … 1個
タチウオ (骨や皮を除いた身) … 40g
アンチョビ … 10g
ブロード (ブイヨン) … 適量
無塩バター … 20g
ラディッキオ (赤チコリ) … 20g
白ワインビネガー … 適量
オリーブ油 … 適量
塩、白コショウ … 各少量

作り方

1. ジャガイモは皮をむいて細長く切り(a)、水にさらしておく。
2. タチウオを棒状に切った後まとめて、水気を取った1を巻きつけ(b)、更に水気を取り(c)、オリーブ油をひいたフライパンに入れてソテーする(d)。
3. 別のフライパンにバター (分量外) とアンチョビを入れて炒め、ブロード、バターを加えてソースとする。
4. ラディッキオは塩、コショウ、白ワインビネガー、オリーブ油で調味し、2とともに皿に盛り、3のソースをかける。

ポイント

ジャガイモはスライサーで薄く切ってから細切りにするとよい。当店では刺身のつまを作る器具を使っている。簡単に細長く切れるので便利。

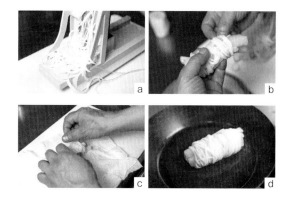

オーブンで作る

アッシェ・パルマンティエ

フランスではおなじみの、マッシュポテト＋ミートソースのグラタン。
パンを添えるだけで食事になる、ボリュームたっぷりの一品です。
(料理／島田哲也)

材料（直径20cmのフライパン1枚分 2人分）

ミートソース
- 牛挽き肉 … 100g
- グレープシード油 … 適量
- 玉ネギ（みじん切り）… 1/4個分
- トマトホール（ダイス。缶詰）… 190g
- 塩、コショウ、ナツメグ … 各適量

ジャガイモのピューレ
- ジャガイモ（男爵）… 1個
- 生クリーム … 50cc
- 塩、コショウ … 各適量

グリュイエール・チーズ
（すりおろしたもの）… 適量

作り方

1. ミートソースを作る。フライパンにグレープシード油をひいて牛挽き肉を入れ、しっかりと炒めたら（油が透き通るくらいまで）、ザルやクッキングペーパーで、油をよく取っておく。
2. 別鍋にグレープシード油をひき、玉ネギを入れて色づけないように炒める。トマトホールを加え、水を95cc加え、1の挽き肉を入れて弱火でじっくり火を入れていく。しっかりと煮詰めたら、塩、コショウ、ナツメグで味を調える。
3. ジャガイモのピューレを作る。ジャガイモは皮をむいて2～3cmの乱切りにし、塩ゆでする。やわらかくなったら湯を切り、ジャガイモが入った鍋を火にかけて水分をとばし、粉を吹かせる。
4. 3のジャガイモをつぶし、生クリームを加え、塩、コショウで味を調える。
5. 4をグラタン皿に平らに敷き詰め、上に2のミートソースを敷き詰め、グリュイエール・チーズをのせる。180℃のオーブンで、表面に焼き色がつくまで（10分ほど）焼く。

ポイント

- ミートソースを作る際、牛肉は最初にしっかりと炒めておく。
- ミートソースがやわらかいと、パルマンティエを切り分けるときにたれてきてしまうので、しっかりと煮詰めて作る。
- ジャガイモのピューレも固めに作る（ジャガイモによって生クリームの量を加減して調整）。やわらかすぎると上のミートソースが下に落ちてしまう。

オーブンで作る

じゃがいものグラタン（グラタン・ドフィノワ）

ジャガイモを牛乳で煮て作る方法もありますが、
僕は生のままオーブンで火を通します。そのほうがジャガイモの存在感が出る。
（料理／島田哲也）

材料（直径20cmのフライパン1枚分）

ジャガイモ（男爵）… 2個（約500g）
卵 … 1個
牛乳 … 200cc
生クリーム … 100cc
塩、コショウ、ナツメグ … 各少量
グリュイエール・チーズ
　（すりおろしたもの）… 適量
プンタレッラ（またはルコラなど、
　存在感のある他の生野菜）… 適量

作り方

1. ジャガイモは皮をむき、5mm厚さの輪切りにする。
2. ボウルに卵、牛乳、生クリームを入れてよく混ぜ合わせ、塩、コショウ、ナツメグを加える。
3. フライパンに1のジャガイモを入れ、2を注ぐ。180℃のオーブンに入れ、じっくり焼く（20～30分）。途中でジャガイモがはねたりするので、スパテラで押しながら火を通す。
4. ジャガイモに竹串を刺してみて、スッと通るようになったらグリュイエール・チーズを上にかける。チーズが溶けて焼き目がついたらでき上がり。プンタレッラをのせて供する。

オーブンで作る

じゃがいもとゆで卵のミートソースグラタン

ボリュームたっぷりのグラタンです。
（料理／佐藤護）

材料（6人分）

ジャガイモ（メークイン）… 2個
生クリーム … 適量
パルミジャーノ・レッジャーノ・チーズ
　（すりおろしたもの）… 適量
無塩バター … 少量
塩、白コショウ … 各少量
ゆで卵 … 3個

ミートソース（作りやすい量）

　ソフリット（p.21参照）… 100g
　牛挽き肉 … 1kg
　塩、黒コショウ … 各適量
　トマトホール（缶詰。裏漉す）… 500g
　赤ワイン … 400cc
　＊鍋にソフリットと牛挽き肉を入れ、塩、黒コショウをしてよく炒める。赤ワインを入れてしっかり煮詰めたら、裏漉したトマトホールを加え、弱火で1時間ほど煮込む。最後に再び塩、コショウで味を調える。

作り方

1. 耐熱皿にバターを塗り、皮をむいて生のまま薄切りにしたジャガイモを並べ、塩、白コショウをし、生クリームをひたひたになるまで加える。
2. 1の上に適量のミートソース、5mm厚さの輪切りにしたゆで卵、パルミジャーノ・チーズをのせ、180℃のオーブンで30〜40分焼く。

サルデーニャ風じゃがいもと羊のパナーダ

本来は羊肉がもう少し入りますが、ここでは野菜を多めに作りました。
(料理／佐藤護)

材料（直径25cmの丸型1台分）

A（パナーダ生地）
- 小麦粉（00粉※）… 150g
- セモリナ粉 … 150g
- ラード … 20g
- 塩 … 少量
- 水 … 適量

詰め物
- ジャガイモ（メークイン）… 50g
- 仔羊肉 … 80g
- 玉ネギ … 50g
- グリーンピース … 30g
- ニンニク（みじん切り）… 1/2粒分
- ドライトマト … 15g
- オリーブ油 … 適量
- 塩、白コショウ … 各少量

※00粉がなければ、強力粉と薄力粉を半々で混ぜ合わせて使用する。

作り方

1. パナーダ生地を作る。Aを合わせてフードプロセッサーで練り、まとめてラップフィルムで包み、冷蔵庫で1時間ほどやすませる。
2. 詰め物を作る。ジャガイモは皮をむいて1cm角に切り、固めにゆでておく。仔羊肉、玉ネギは1cm角に切る。グリーンピースはバター（分量外）で軽くソテーした後、ローリエ（分量外）を加えた湯でゆでておく。
3. フライパンにオリーブ油とニンニクを入れて火にかける。2の玉ネギとジャガイモを入れて炒め（a）、ドライトマト、2のグリーンピース、仔羊肉を加えて更に炒め、塩、コショウをして味を調える(bc)。バットにあけて、冷ましておく(d)。
4. 1の生地をのばし、丸く切り取って型の内側に敷き込み、3を詰める。残りの生地で蓋をして、卵黄（分量外）を塗る。残った生地で上の面を飾り付け、縁の生地を折り返して閉じ(ef)、180℃のオーブンで30分焼く。

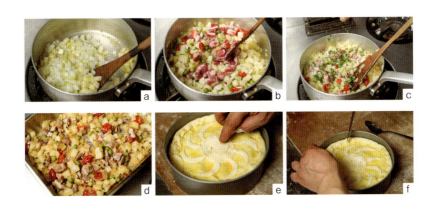

オーブンで作る

じゃがいものタルト

市販のパイシートを使って作れる簡単おつまみ。
もう少し小さく作り、フィンガーフードにしてもいいでしょう。
（料理／島田哲也）

材料（1人分）

パイシート（市販）… 適量
ジャガイモ … 1/3個
ドライトマト … 4枚
黒オリーブ（輪切りにする）… 1個分
塩 … 適量
卵黄 … 適量
タイム（みじん切り）、粗塩、
　E.V.オリーブ油 … 各少量
付け合わせ（塩ゆでにしたもの）
　オータムポエム（アブラナ科の野菜）、
　　ミニアスパラガス … 各適量

作り方

1. パイシートを直径12cmの抜き型で抜く。
2. ジャガイモは皮をむいて5mm厚さの輪切りにし、塩ゆでして水気を切る。
3. 1の上に卵黄を塗り、2のジャガイモとドライトマトを交互にのせる。黒オリーブを散らし、200℃のオーブンに入れて15分ほど焼く。
4. 焼き上がったら器に盛り、タイムと粗塩をふり、E.V.オリーブ油をまわりにたらして付け合わせの野菜を添える。

オーブンで作る

じゃがいもといわしのトルタ

ジャガイモとイワシとトマトは相性のいい組み合わせ。
マッシュしたジャガイモが、生地と具をつなげる役目もしています。
トルタ（torta）はイタリア語でタルトのこと。

（料理／佐藤護）

材料（2人分）

ジャガイモ（メークイン）… 2個
玉ネギ … 1個
フルーツトマト（薄切り）… 2個分
イワシ（三枚におろして一口大に切る）
　… 2尾分
パン粉 … 適量
無塩バター … 適量
塩、白コショウ … 各適量
**A（タルト生地。
直径20cmのタルト型1台分）**
　小麦粉（００粉※）… 200g
　無塩バター（角切り）… 100g
　卵黄 … 1個
　牛乳 … 10cc
　塩 … 少量
　グラニュー糖 … 少量
　水 … 少量

作り方

1. ジャガイモは皮付きでゆでて皮をむき、熱いうちに裏漉す。
2. 玉ネギは薄切りにしてバターで炒め、塩、コショウで味つけ、1と混ぜる。
3. タルト生地を作る。**A**の材料をフードプロセッサーで練り、まとまったらラップフィルムで包んで冷蔵庫で1時間ほどやすませる。
4. 3の生地をタルト型にのばしてフォークで穴を開け、重石をして180℃のオーブンで一度焼く。
5. 4の重石をはずしてタルト生地を型から取り出し、2を敷き詰め、上にフルーツトマト、塩、コショウをしたイワシを並べてパン粉をふる。180℃のオーブンで5分ほど焼く。

※００粉がなければ、強力粉と薄力粉を半々で混ぜ合わせて使用する。

オーブンで作る

じゃがいものケーク・サレ

ジャガイモをたっぷり入れて作る、甘くないケーキ。
（料理／島田哲也）

材料（20cm長さのパウンド型1本分）

A
- 薄力粉 … 125g
- ベーキングパウダー … 5g
- パルミジャーノ・レッジャーノ・チーズ
  （すりおろしたもの） … 40g
- 塩 … ひとつまみ

B
- 卵 … 120g
- 牛乳 … 70g
- グレープシード油 … 50g

C
- ジャガイモ（皮をむき、2.5〜3cm角
  に切って塩ゆでしたもの） … 180g
- グリーンピース（さっと塩ゆでしたもの）
  … 20g
- ブロッコリー（小房に分け、
  さっと塩ゆでしたもの） … 50g
- 干しエビ … 10g
- ハム（粗みじん切り） … 30g
- コショウ … 少量

フロマージュブラン、ピスタチオ（砕く）、
ミニョネット（つぶした黒粒コショウ）、
ピンクペッパー、イタリアンパセリ
（ちぎった葉） … 各適量

作り方

1. Aは合わせてふるい、ボウルに入れておく。
2. Bの材料を、別のボウルでよく混ぜ合わせる。
3. 1に2を加え、ゴムベラや木ベラでよく練り合わせる。
4. 3にCの材料を加えて混ぜ合わせ、パウンド型に入れる。180℃に熱したオーブンの中段に入れ、30分焼く。
5. 4が冷めたら適当な厚さに切って器に盛り、フロマージュブランを添えてピスタチオ、ミニョネット、ピンクペッパーをふり、イタリアンパセリの葉を飾る。

ポイント

AとBはよく練り合わせてグルテンを出したほうが、ふわっと膨らむ。ただ混ぜただけではあまり膨らまない。

郵便はがき

113-8790

（受取人） 246

東京都文京区湯島 3 -26- 9
　　　　イヤサカビル 3F

株式会社 **柴 田 書 店**

書籍編集部　愛読者係行

ガナ		男	年齢
名		女	歳

受取人払郵便

〜郷局承認

7772

出有効期間
成28年6月
日まで
刃手不要）

主所 〒　　　　　☎

先名　　　　　　☎

先住所 〒

該当事項を○で囲んでください。
】業界　1.飲食業　2.ホテル　3.旅館　4.ペンション　5.民宿　6.その他の宿泊業
　　7.食品メーカー　8.食品卸業　9.食品小売業　10.厨房製造・販売業　11.食器製造・販売業　12.建築・設計　13.家具製造・販売業　14.店舗内装業　15.その他
】Aで15.その他とお答えの方　1.自由業　2.公務員　3.学生　4.主婦　5.その他の製造・販売・サービス業　6.その他
】Aで1.飲食業とお答えの方、業種は？　1.総合食堂　2.給食　3.ファースト・フード　4.日本料理　5.西洋料理　6.中国料理　7.その他の各国料理　8.居酒屋　9.すし　10.そば・うどん　11.うなぎ　12.喫茶店　13.スナック　14.バー・クラブ　15.ラーメン　16.カレー　17.デリ・惣菜　18.ファミリーレストラン　19.その他
】職務　1.管理・運営　2.企画・開発　3.営業・販売　4.宣伝・広報　5.総務　6.調理　7.設計・デザイン　8.商品管理・流通　9.接客サービス　10.その他
】役職　1.社長　2.役員　3.管理職　4.専門職　5.社員職員　6.パートアルバイト　7.その他

ご愛読ありがとうございます。今後の参考といたしますので、アンケー
ご協力お願いいたします。

◆お買い求めいただいた【本の題名＝タイトル】は？

◆何でこの本をお知りになりましたか？
　　1．新聞広告（新聞名　　　　　　　）2．雑誌広告（雑誌名
　　3．書店店頭実物　　　　　　　　4．ダイレクトメール
　　5．その他＿＿＿＿＿＿＿＿＿＿＿＿＿＿＿＿＿＿＿＿

◆お買い求めいただいた方法は？
　1．書店　地区＿＿＿＿＿＿＿県・書店名＿＿＿＿＿＿＿＿＿＿＿＿
　2．柴田書店直接　　　3．その他＿＿＿＿＿＿＿＿＿＿＿＿＿＿

◆お買い求めいただいた本についてのご意見は？

◆柴田書店の本で、すでにご購入いただいているものは？

◆定期購読をしている新聞や雑誌はなんですか？

◆今後、どんな内容または著者の本をご希望ですか？

◆柴田書店の図書目録を希望しますか？　1．希望する　2．希望しない

●ホームページをご覧ください。URL=http://www.shibatashoten.co.jp
　週1回配信しているメールマガジンの会員登録（無料）ができます。

記入された個人情報は、顧客分析と御希望者への図書目録発送のみに使用させていただきま

オーブンで作る

プーリア風じゃがいも、ムール貝、トマト、お米のオーブン焼き

中にはジャガイモがたっぷりです。おもてなしのご飯としていかがでしょう。
(料理／佐藤護)

材料（6人分）

ジャガイモ（メークイン）… 500g
玉ネギ … 1個
チェリートマト … 15個
米 … 280g
ムール貝 … 20個
ペコリーノ・チーズ（すりおろし）… 30g
白ワイン … 100cc
塩、白コショウ … 各少量
A
| イタリアンパセリ（みじん切り）… 少量
| ニンニク（みじん切り）… 1/4粒分
| オリーブ油 … 大さじ2

作り方

1. ジャガイモと玉ネギは皮をむいて薄切りに、チェリートマトはヘタを取って半分に切る。ムール貝は白ワインで蒸して、身のついていない側の殻をはずしておく。**A**は合わせておく。
2. しっかり蓋ができ、オーブンに入れられる鍋に玉ネギ、**A**の半量、ジャガイモの半量、すべてのムール貝とチェリートマト、ペコリーノ・チーズの半量、残りの**A**、塩、コショウ、米、残りのジャガイモ、残りのペコリーノ・チーズの順に重ねていき、ムール貝の蒸し汁と水を材料がかぶるくらいに入れて火にかける。
3. 沸いたら蓋をして、180℃のオーブンで15分ほど加熱する。仕上がりにイタリアンパセリ（分量外）をふる。

オーブンで作る

じゃがいものキッシュ

オーブンで作る

じゃがいもの塩包み焼き
フォンドゥータソース

じゃがいもの
マッシュルームファルシ

じゃがいものキッシュ

お持ち帰り惣菜としても人気のキッシュ。
野菜をたっぷり加えて作ると、栄養のバランスもよくなります。
（料理／島田哲也）

材料（直径30cmのタルト型1台分）

タルト生地
- 薄力粉 … 400g
- 塩 … 8g
- 無塩バター … 200g
- 卵 … 3個

A（アパレイユ）
- 生クリーム … 280g
- 牛乳 … 140g
- 卵 … 7個
- パルミジャーノ・レッジャーノ・チーズ（すりおろしたもの）… 60g
- 塩 … 3g
- ナツメグ … 1.5g

- ジャガイモ（男爵）… 2個
- 玉ネギ … 1/2個
- ブロッコリー … 1/2房
- 生ハム（薄切り）… 3枚
- グレープシード油、塩 … 各適量
- ハーブサラダ（ディル、イタリアンパセリ、チャーヴィルを塩とオリーブ油で和えたもの）… 適量
- パプリカパウダー … 少量

作り方

1. タルト生地を作る。室温に戻したバターをボウルに入れ、薄力粉を加えてホロホロにする。塩を混ぜ、卵を少しずつ混ぜ込んで合わせる。冷蔵庫で一晩ねかせておく。
2. 1の生地を薄くのばし、タルト型に敷き込んで、重石（なければ米でもよい）を入れて、180℃のオーブンで1時間ほど空焼きする。
3. Aをボウルに入れて混ぜ合わせる。
4. 玉ネギは1cm厚さのくし形切りにし、グレープシード油をひいたフライパンに入れて、色づけないように炒めておく。
5. ジャガイモは皮をむき、2cmほどの乱切りにして塩ゆでする。やわらかくなったら湯を切り、ジャガイモの入った鍋を火にかけ、水分をとばして粉を吹かせる。
6. ブロッコリーは小房に分け、固めの塩ゆでにする。
7. 2の生地の中に、4の玉ネギを敷き詰め、生ハムを敷き詰め、5のジャガイモと6のブロッコリーを散らし、3のアパレイユを流し込む。
8. 180℃のオーブンに入れ、1時間ほど火を入れる。プリンのように中まで火が通ったらでき上がり。冷ましてから切り分ける。
9. 器に盛り、パプリカパウダーをふり、ハーブサラダを添える。

ポイント

- タルト生地を作る際、卵を加えてから練りすぎると、グルテンが出てサクっとした食感がなくなる。
- でき上がったキッシュは冷蔵庫で3日ほどは保存できる。食べるときに切り分け、電子レンジに1分ほどかけるとよい。生地がしんなりしていたら、トースターで少し焼くとよい。

じゃがいもの塩包み焼き
フォンドゥータソース

フォンドゥータはイタリア版チーズフォンデュのこと。
このチーズのソースで、ジャガイモのおいしさをシンプルに味わいます。
（料理／佐藤護）

材料（3個分）

ジャガイモ … 3個
岩塩 … 300g
フォンティーナ・チーズ … 175g
生クリーム … 250cc
白ワイン … 20cc
コーンスターチ … 20g
塩 … 少量

作り方

1. フォンドゥータソースを作る。フォンティーナ・チーズと生クリームを鍋に合わせて火にかけ、チーズを溶かし、白ワインで溶いたコーンスターチを加えて濃度をつけ、塩で味を調える。
2. 洗ったジャガイモを皮付きのままクッキングペーパーで包み、更にアルミホイルで包んで天板にのせ、上から岩塩をかぶせ、180℃のオーブンで40分火を入れる。
3. 2のジャガイモを半分に切り、1をかける。

じゃがいものマッシュルームファルシ

ジャガイモを器に仕立て、マッシュルームのペーストを詰めます。
（料理／島田哲也）

材料（2人分）

ジャガイモ（メークイン）… 1個
シャンピニオンデュクセル（作りやすい量）
  マッシュルーム（みじん切り）… 8個分
  エシャロット（みじん切り）… 1/2個分
  グレープシード油 … 少量
  塩、コショウ … 各適量
サラダ油 … 適量
ピスタチオ（粗みじん切り）、ミニョネット（つぶした黒粒コショウ）… 各少量
ルコラ … 適量

作り方

1. シャンピニオンデュクセルを作る。フライパンに少量のグレープシード油とエシャロットを入れ、色づけないように炒める。マッシュルームを加え、水分がなくなるまで炒める。塩、コショウで味を調える。
2. ジャガイモは皮をむき、縦半分に切る。断面の、縁から5mmほど内側の部分をくり抜き器でくり抜き、ジャガイモの器を作る。
3. フライパンに多めのサラダ油を熱して2のジャガイモを入れ、揚げ焼きにする。
4. 3のジャガイモのくり抜いた部分に1を詰め、オーブンで5分ほど焼く。器に盛り、ピスタチオとミニョネットをのせて、ルコラを添える。

オーブンで作る

ナポリ風じゃがいものガトー

オーブンで作る

じゃがいもを練り込んだフォカッチャと"ランプレドット"
トスカーナの市場風

オーブンで作る

ナポリ風じゃがいものガトー

ナポリの伝統的な、甘くないケーキです。
ジャガイモの他に、チーズやモルタデッラも入って栄養満点です。
(料理/佐藤護)

材料（直径25cmの丸型1台分）

A
小麦粉（00粉※）… 100g
ドライイースト … 4g
グラニュー糖 … 少量
塩 … 適量
ぬるま湯 … 50cc

B
ジャガイモ（皮をむいてゆで、小角切り）
　… 125g
小麦粉（00粉※）… 250g
卵 … 2個
ラード … 50g

C
モッツァレラ・チーズ（小角切り）
　… 125g
モルタデッラ（イタリアのソーセージ。
　小角切り）… 100g

作り方

1. Aを合わせて練る。
2. Bと1をボウルに合わせて混ぜる(ab)、Cを加えて練る(c)。
3. 型の内側に薄くバター（分量外）を塗って小麦粉（分量外）を薄くつけ、2を入れる(d)。表面にオリーブ油（分量外）を塗り、ラップフィルムをかけて(e)温かいところで発酵させる(f)。
4. 3を180℃のオーブンで40分焼く。

ポイント

ミキサーなどで混ぜると、チーズが細かくなりすぎて生地に練り込まれてしまうので、手で練る。

※00粉がなければ、強力粉と薄力粉を半々で混ぜ合わせて使用する。

じゃがいもを練り込んだフォカッチャと "ランプレドット" トスカーナの市場風

トスカーナ（フィレンツェ）の名物料理、牛の胃の煮込みランプレドットは、よくパンに挟んで食されます。ここではジャガイモ風味のフォカッチャで。
（料理／佐藤護）

材料

フォカッチャ（25個分）
- ジャガイモ … 150g
- 小麦粉（００粉※）… 440g
- オリーブ油 … 50cc
- 生イースト … 15g
- 牛乳 … 120cc

岩塩、ローズマリー … 各適量

ランプレドット（作りやすい量）
- 牛胃（ハチノス）… 2枚
- ニンジン（薄切り）… 1/2本分
- セロリ（薄切り）… 1本分
- 玉ネギ（薄切り）… 1/2個分
- 白ワイン … 200cc
- 白ワインビネガー … 200cc
- レモン果汁 … 適量
- オリーブ油 … 適量
- 塩、コショウ … 各少量

フレンチマスタード … 適量

※００粉がなければ、強力粉と薄力粉を半々で混ぜ合わせて使用する。

ポイント

ジャガイモの水分により、粉の量は加減する。

作り方

1. フォカッチャを作る。ジャガイモは皮付きのままゆでて皮をむき、裏漉しておく。牛乳は人肌に温め、イーストを加えて溶かす。
2. ボウルに1を入れて混ぜ、オリーブ油と小麦粉を加えてよく練る（ab。耳たぶぐらいの固さになればよい）。
3. 粉気がなくなったら乾燥しないようラップフィルムをかけ、温かいところで一次発酵させる。
4. 3の生地を1個30gに分割して丸め、バットに並べたセルクル型に入れて（c）二次発酵させる。
5. 4の表面に岩塩と刻んだローズマリーを散らし、180℃のオーブンで20分焼く。
6. ランプレドットを作る。ハチノスをよく洗い、3回ゆでこぼす。
7. 鍋に6とニンジン、セロリ、玉ネギ、白ワイン、白ワインビネガーを入れて火にかけ、やわらかくなるまでアクをひきながら煮る。
8. 7のハチノスと野菜を1cm幅に切り、塩、コショウ、レモン果汁、オリーブ油で和える。
9. 5のフォカッチャを横半分に切り、断面にフレンチマスタードを塗り、8のランプレドットを挟む。

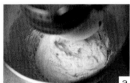

揚げて作る

ジャガイモと油の相性のよさは、言うまでもありません。
フライドポテトは大人にも子どもにも大人気。
和・洋・中それぞれの、
おいしい揚げじゃが料理をご紹介します。

じゃがいもとビーフジャーキーの
スパイスフライドポテト

スパイスや香草の風味がおいしい、おつまみにもぴったりの一品。
そのまま食べることの多いビーフジャーキーですが、優秀な調味料にもなります。
（料理／五十嵐美幸）

材料（2人分）

ジャガイモ（アンデスポテト）
　… 1個（200g）
ビーフジャーキー … 10g
ワケギ … 2本
香菜 … 適量
太白ゴマ油 … 大さじ2
A
　塩 … 小さじ1
　クミンシード … 適量
　カレー粉 … 小さじ1
　一味唐辛子 … 小さじ1
　パプリカパウダー … 小さじ1
　鶏ガラスープ（顆粒）… 小さじ1/2
フライドガーリック … 適量
揚げ油（サラダ油）… 適量

作り方

1. ジャガイモは皮付きのまま太めの棒状に切る。180℃の油で素揚げし、油を切る。
2. ワケギは5cm長さに切る。香菜は食べやすい大きさにちぎる。
3. フライパンに太白ゴマ油入れて火にかけ、ビーフジャーキーを入れて炒める（a）。香りが出てきたら火を止め、少し温度が下がったらAを入れてよく混ぜ合わせる（bc）。
4. 3に1のジャガイモと2のワケギを入れ、軽く炒める（焦がさないように）。最後に香菜とフライドガーリックを入れる。

ポイント

作り方3でAを入れるときに、温度が高すぎると焦げるので注意する。

揚げて作る

じゃがいもとえびのマヨネーズ風味（ジャガエビマヨ）

マヨソースにはヨーグルトをたっぷり使ってヘルシーに。
(料理／五十嵐美幸)

材料（2人分）

ジャガイモ（男爵）… 1/2個
レタス … 1枚
むきエビ … 6尾
コショウ … 少量
揚げ衣（p.83参照）… 適量
片栗粉 … 適量
ヨーグルト（無糖）… 250g
A
　生クリーム（ホイップしたもの）… 30g
　練乳（加糖）… 大さじ1/2
　マヨネーズ … 120g
揚げ油（サラダ油）… 適量

作り方

1. ヨーグルトを水切りする（水切り後120g）。
2. 1とAを混ぜ合わせ、マヨソースを作る。
3. ジャガイモは丸ごと30分蒸して、皮をむき、一口大の乱切りにする。
4. エビは軽く背開きにして、コショウをふる。
5. 3のジャガイモと4のエビに片栗粉をつけた後、揚げ衣をつけ、180℃に熱した油で揚げる。
6. 5の油を切り、揚げたてを2のマヨソースで和える。
7. 皿にレタスを敷き、6を盛り付ける。

ポイント

ヨーグルトの水切りは、ボウルの上にザルを置き、その中にクッキングペーパーを敷いてヨーグルトを流し、そのまま冷蔵庫に5〜6時間入れておく。

ブロッコリーのじゃがクリーム和え（カルボナーラ風）

卵黄にベーコンの旨みや黒コショウをきかせたソースは、まさにカルボナーラ！
最初にベーコンを炒めて旨みをしっかり抽出させましょう。

（料理／五十嵐美幸）

材料（2人分）

ジャガイモ（男爵）… 1個
ブロッコリー … 50g
ベーコン … 40g
揚げ衣
　小麦粉 … 大さじ3
　溶き卵 … 大さじ1/2
　片栗粉 … 大さじ1/2
　水 … 大さじ3
　＊混ぜ合わせる。
片栗粉 … 適量
サラダ油 … 少量
A
　卵黄 … 2個
　生クリーム … 大さじ1
　黒コショウ … 少量
　塩 … ひとつまみ
揚げ油（サラダ油）… 適量

作り方

1. ジャガイモを丸ごと30分蒸す。皮付きのまま6等分のくし形に切る。片栗粉をつけた後、揚げ衣をつけ、180℃に熱した油に入れて揚げ、油を切る。
2. ブロッコリーは一口大に切り、ゆでる。ベーコンは拍子木切りにする。
3. フライパンにサラダ油をひき、2のベーコンを炒める。
4. ボウルにAを入れて混ぜ合わせ、3のベーコンを入れて混ぜ、1のジャガイモと2のブロッコリーを入れて和える。器に盛る。

揚げて作る

じゃがいもと豚ヒレの酢豚

酢豚にジャガイモを加えてボリュームアップ。
（料理／五十嵐美幸）

材料（2人分）

ジャガイモ（男爵）… 1個
豚ヒレ肉 … 150g
揚げ衣（p.83参照）… 適量
A（下味）
　コショウ … 少量
　日本酒 … 大さじ1
　醤油 … 大さじ1/2
片栗粉 … 大さじ1
B
　黒酢 … 大さじ2
　醤油 … 大さじ1
　砂糖 … 大さじ2
　鶏ガラスープ（有塩）… 100cc
水溶き片栗粉
　（片栗粉1：水1）… 大さじ1
マヨネーズ … 大さじ1
揚げ油（サラダ油）… 適量

作り方

1. 豚ヒレ肉は一口大に切る。Aを加えて混ぜ、下味をつける。続いて片栗粉を入れて混ぜる。
2. ジャガイモは丸ごと30分蒸す。縦4等分のくし形に切り、片栗粉（分量外）を軽くつける。
3. 1と2に揚げ衣をつけ、180℃の油で揚げる。油を切る。
4. フライパンにBを入れて火にかけ、水溶き片栗粉でとろみをつける。
5. 4に3を入れてからめたら、最後にマヨネーズを加え、マーブル状になればでき上がり。

揚げて作る

じゃがいもと鶏胸肉のバンバンジー

しっとりとした鶏肉の下に、カリッと揚げた
ジャガイモを敷いて、味と食感を加えます。
（料理／五十嵐美幸）

材料（2人分）

ジャガイモ（メークイン）… 1/2個
鶏胸肉 … 1枚
クレソン … 適量（好みで）
鶏ガラスープ（有塩）… 400cc
A（下味）
　練りゴマ（白）… 大さじ3
　酢 … 大さじ1
　醤油 … 大さじ1
　焼き肉のたれ（甘口。市販）
　　… 大さじ2
　ゴマ油 … 大さじ1/2
　水 … 大さじ1
　ニンニク（みじん切り）… 小さじ1
　生姜（みじん切り）… 小さじ1
　長ネギ（みじん切り）… 1/3本分
ラー油、すりゴマ（白）… 各適量（好みで）
揚げ油（サラダ油）… 適量

作り方

1. 鶏胸肉は筋を取り、厚みを半分に切る。
2. フライパンに冷たい鶏ガラスープと1の鶏肉を入れて火にかける。沸騰したら肉をひっくり返して火を止めて蓋をし、15分蒸らす（余熱で鶏肉に火を通す）。汁気を取り、手で細く裂いておく。
3. ジャガイモは皮をむいて薄切りにした後、細切りにする。180℃の油に入れて揚げ、油を切る。
4. Aを混ぜ合わせてたれを作る。
5. 器に3と2を盛り付け、4をかけ、好みでクレソンを添え、ラー油、すりゴマをかける。

ポイント

作り方2で火を通した鶏胸肉（裂く前の状態）を保存する場合は、そのままスープに浸けておく（しっとりした状態が保てる）。

揚げて作る

じゃがいものハーブコロッケ

ハーブを加えたパン粉がおいしい。ワインに合わせても、お惣菜にしても。
(料理／島田哲也)

材料（作りやすい量）

ジャガイモ（男爵）… 500g
無塩バター … 30g
卵黄 … 2個
塩 … 適量
薄力粉、溶き卵 … 各適量
香草パン粉 … 適量
　（パン粉にディル、イタリアンパセリ、
　チャーヴィルの粗みじん切りを加え
　たもの）
揚げ油（サラダ油）… 適量
プチトマト（半分に切る）… 適量
マスタードソース
　粒マスタード … 大さじ1
　フォンドボー（市販品可）… 大さじ1
　＊混ぜ合わせる。

作り方

1. ジャガイモは皮をむいて乱切りにし、塩ゆでする。やわらかくなったら湯を切り、ジャガイモの入った鍋を火にかけ、水分をとばして粉を吹かせる。ボウルに入れてつぶし、バターと卵黄を加えて混ぜる。
2. 1を、50gを1個分として丸め、何度か両手の間を行き来させるようにして空気を抜き、少しつぶして形を整える。
3. 2に薄力粉、溶き卵、香草パン粉の順につけ、160℃に熱した油に入れて、色づくまで揚げる。
4. 器に盛り、ディル、イタリアンパセリ、チャーヴィル（各分量外）をのせ、マスタードソース、プチトマトを添える。

ポイント

揚げる前に空気をしっかり抜いておかないと破裂する。

じゃがいものポルペッティーニ（クロケッタ）

イタリア版ポテトコロッケです。
(料理／佐藤護)

材料（5個分）

ジャガイモ（メークイン）… 500g
小麦粉（00粉※）… 適量
溶き卵 … 1個分
パン粉（ミキサーで細かくしたもの）
　… 適量
塩、コショウ … 各適量
揚げ油（サラダ油）… 適量
A（サルシッチャ。作りやすい量）
　… 100gを使用する
　豚挽き肉 … 1kg
　ローズマリー（みじん切り）… 8g
　ニンニク（みじん切り）… 1/2粒分
　オレンジの皮（すりおろし）… 1/2個分
　黒コショウ … 10g
　塩 … 14g
B（ソース）
　ジャガイモ（皮付きのままゆでて
　　皮をむき、裏漉したもの）… 50g
　マスカルポーネ … 50g

作り方

1. Aを混ぜ合わせてよく練り、サルシッチャを作る。
2. ジャガイモは皮付きのままゆでて皮をむき、裏漉して1を100g加えて混ぜ、塩、コショウで味を調えて、適当な大きさの俵形に成形する。
3. 2に小麦粉、溶き卵、パン粉の順につけ、180℃の油で揚げる。
4. Bのジャガイモが温かいうちに、マスカルポーネを加えてよく混ぜたソースを皿に流し、上に揚げたての3を盛る。

※00粉がなければ、強力粉と薄力粉を半々で混ぜ合わせて使用する。

揚げて作る

じゃがいもと手羽先のフリット アラビアータ

揚げて作る

じゃがいもと絹さやの春巻き

車えび かわり揚げ

揚げて作る

じゃがいもと手羽先のフリット アラビアータ

細切りにしたジャガイモの、おもしろい使い方。
(料理／佐藤護)

材料（3人分）

ジャガイモ（メークイン）… 2個
鶏手羽先 … 6本
トマトソース（下記参照）… 適量
ニンニク（みじん切り）… 適量
赤唐辛子（半分に割り、種を取る）
　　… 3本分
オリーブ油 … 適量
小麦粉（00粉※）… 適量
イタリアンパセリ … 適量
塩、白コショウ … 各少量
揚げ油（サラダ油）… 適量

※00粉がなければ、強力粉と薄力粉を半々で混ぜ合わせて使用する。

作り方

1. アラビアータソースを作る。フライパンにニンニク、赤唐辛子、オリーブ油を入れて火にかける。香りが出たらトマトソースを加え、塩で味を調える。
2. ジャガイモは皮をむいて細長く切り（p.62参照）、160℃に熱した油でゆっくり揚げて油を切り、塩をして皿にのせる。
3. 手羽先に塩、コショウをし、小麦粉をまぶして180℃の油で揚げる。キツネ色になったら取り出して油を切る。
4. 3を1のソースでさっと和えて2の上に盛り、素揚げしたイタリアンパセリを添える。

トマトソース（作りやすい量）

鍋にニンニク1カケと適量のオリーブ油を入れて火にかけ、香りが出たらみじん切りの玉ネギ（1/2個分）を入れて塩をし、しんなりするまで炒める。1kgのトマトホール（缶詰）を入れて15分ほど煮た後、漉し器で漉す。

じゃがいもと絹さやの春巻き

ジャガイモがたっぷり詰まった食べ応えのある春巻きです。
これもジャガイモに火を通しすぎないのがポイントです。
（料理／五十嵐美幸）

材料（2人分）

ジャガイモ（メークイン）… 1個
キヌサヤ … 30g
春巻きの皮 … 4枚
バジル … 4枚
A
　黒コショウ … 少量
　鶏ガラスープ（顆粒）… 小さじ1
　ゴマ油 … 大さじ1/2
B（のり）
　小麦粉 … 大さじ1
　水 … 大さじ1
　＊混ぜ合わせる。
揚げ油（サラダ油）… 適量

作り方

1. ジャガイモは皮をむき、斜め薄切りにしてから細切りにする。沸騰した湯でさっと（約10秒）ゆでて、流水にさらす。
2. キヌサヤはさっとゆでて、斜め細切りにする。
3. 1、2、Aを混ぜる。
4. 春巻きの皮を広げ、3とバジルを1枚のせて巻く（しっかりとひと巻きしてから左右の皮を折りたたみ、巻き上げる。ab）。巻き終わりの皮の角を、Bののりでとめる。
5. 180℃に熱した油に4を入れ、2〜3分揚げる。

車えび かわり揚げ

プリプリのエビに、シャリシャリのジャガイモ衣の組み合わせがおいしい。
（料理／小泉功二）

材料（2人分）

車エビ（またはブラックタイガー）
　… 4尾
ジャガイモ … 60g
ビール衣 … 適量
　（ビール2：薄力粉1：コーンスターチ1
　の割合で合わせる）
揚げ油（サラダ油）、塩 … 各適量

作り方

1. ジャガイモは皮をむき、3cm長さの極細のせん切りにし、パリパリになるまで素揚げして、よく油を切る。
2. エビは殻をむき、背ワタを竹串で取る。
3. 2のエビにビール衣をつけ、バットに広げた1のジャガイモの上にのせてまぶしつける。
4. 3を170℃に熱した油に入れ、エビに火が入るまで揚げる。食べやすく切って器に盛り、塩を添える。

揚げて作る

桜えびとじゃがいものかき揚げ

揚げじゃがいも うにのせ

揚げて作る

じゃがロール

揚げじゃがいも からすみ和え

揚げて作る

桜えびとじゃがいものかき揚げ

春のかき揚げ。ジャガイモでボリュームもアップします。
（料理／小泉功二）

材料（2人分）

桜エビ（生）… 50g
ジャガイモ … 40g
小麦粉（薄力粉）… 適量
揚げ油（サラダ油）… 適量

作り方

1. ジャガイモは皮をむき、桜エビの大きさに合わせて2cm長さ、太さ2mm角ほどに切る。
2. 1と桜エビをボウルに合わせ、薄力粉を少量加えてまぶし、薄力粉と水を混ぜ合わせた衣を適量加えて混ぜる。
3. 2がまとまる状態になったら、好みの大きさにまとめ、170℃に熱した油に玉じゃくしで落とし(a)、キツネ色に揚げる(b)。

 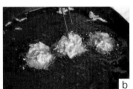

揚げじゃがいも うにのせ

揚げたジャガイモが、お皿のように。
上にのせるものを変えればいろいろな使い方ができます。
（料理／小泉功二）

材料（4枚分）

ジャガイモ … 40g
小麦粉（薄力粉）… 適量
揚げ油（サラダ油）… 適量
生ウニ … 適量
わさび（すりおろし）… 少量
醤油 … 少量

作り方

1. ジャガイモは皮をむき、せん切りにする。薄力粉をまぶし、適当な大きさにまとめて170℃ほどに熱した油に入れ、かき揚げの要領で薄く揚げる。
2. 1を器に盛ってウニをのせ、おろしわさびを添えて、醤油を少量たらす。

じゃがロール

見た目も楽しい。おつまみにどうぞ。
（料理／小泉功二）

材料（4人分）

ジャガイモ … 200g
小麦粉（薄力粉）… 適量
揚げ油（サラダ油）… 適量
塩 … 適量

作り方

1. ジャガイモはかつらむきにする（p.112参照）。
2. 1を巻いて、直径1cmほどの太さになるようにする。3cm長さに切り分けて楊枝でとめる。
3. 2に薄力粉を軽くつけ、中温（165〜170℃）に熱した油に入れてキツネ色に揚げる。
4. 楊枝を取り、軽く塩をふって、器に盛る。

揚げじゃがいも からすみ和え

からすみの旨みと塩分を、調味料として使用します。
（料理／小泉功二）

材料（2人分）

ジャガイモ … 80g
揚げ油（サラダ油）… 適量
からすみ … 適量

作り方

1. ジャガイモは皮をむいて1cm角に切り、170℃に熱した油で揚げる。
2. 器に盛り、好みの量のからすみをすりおろしてかける。

揚げて作る

じゃがいもと空豆のパン粉揚げ

揚げて作る

ほたてすり身 じゃがいも湯葉包み揚げ

ゆり根じゃがいも

揚げて作る

じゃがいもと空豆のパン粉揚げ

白いジャガイモに、ソラ豆のうぐいす色が加わった
美しい色のパン粉揚げ。揚げすぎないように注意しましょう。
（料理　小泉功二）

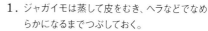

材料（4個分）

ジャガイモ … 60g
ソラ豆 … 60g
塩 … 少量
小麦粉（薄力粉）… 適量
溶き卵 … 1個分
パン粉 … 適量
揚げ油（サラダ油）… 適量

作り方

1. ジャガイモは蒸して皮をむき、ヘラなどでなめらかになるまでつぶしておく。
2. ソラ豆はサヤから取り出して蒸し、薄皮をむいて、1と同様につぶしておく。
3. 1と2を混ぜ合わせ、塩を少量加える。小さめのボールに丸める(a)。
4. 3にハケで小麦粉をつけ(b)、串に刺して溶き卵をつけ(c)、パン粉をつけて串を抜く。
5. 4を170℃に熱した油に入れて、色よく揚げる(de)。器に盛り、塩を添える。

ポイント

竹串などを利用すると、パン粉づけがきれいにできる。

ほたてすり身 じゃがいも湯葉包み揚げ

かつらむきにしたジャガイモで、湯葉巻きに歯応えを加えます。
(料理／小泉功二)

材料(4人分)

平湯葉 … 4枚
ジャガイモ … 適量
ホタテのペースト(刺身用ホタテ貝柱をすり鉢やフードプロセッサーでペースト状にし、少量の薄口醤油と塩で味つけたもの) … 80g
揚げ油(サラダ油) … 適量

作り方

1. ジャガイモはかつらむきにする。
2. 1のジャガイモを、広げた平湯葉の上に並べて敷き、湯葉より少し小さめになるよう切り落とす(a)。
3. ホタテのペーストを、2の手前側に細長く置き、手前から巻いていく(bc)。
4. 165〜170℃に熱した油に3を入れ、火が通るまで揚げる。
5. 食べやすい大きさに切り分けて、器に盛る。

a

b

c

ゆり根じゃがいも

ジャガイモとユリ根のペーストに加えたバターと、醤油あんがよく合います。
(料理／小泉功二)

材料(2人分)

ジャガイモ(メークイン) … 60g
ユリ根 … 60g
バター … 12g
ビール衣 … 適量
　(ビール2：薄力粉1：コーンスターチ1の割合で合わせる)
醤油あん
　だし汁 … 100cc
　醤油 … 小さじ1/2
　水溶き葛粉 … 少量
揚げ油(サラダ油) … 適量
わさび(すりおろし)、木の芽 … 各少量

作り方

1. ジャガイモは蒸して皮をむき、ヘラなどでつぶしておく。ユリ根も蒸して、同様につぶしておく。
2. 1とバターを混ぜ合わせ、一口大に形作る。ビール衣をつけて170℃に熱した油で揚げ、器に盛る。
3. 醤油あんを作る。鍋にだし汁と醤油を合わせて熱し、水溶き葛粉でとろみをつける。
4. 2に3のあんをかけ、おろしわさびを添え、ちぎった木の芽を散らす。

煮て作る

煮汁のおいしさとともに味わうジャガイモです。
火を通しすぎず、煮崩れないようにするのは共通のポイント。
使うジャガイモや切り方、火加減などに気を配り、
好みの状態に仕上げてください。

じゃがいもと鮭の豆板醤煮込み

煮て作る

じゃがいもと牡蠣のオイスター煮

胡麻肉じゃが（担々風）

じゃがいもと鮭の豆板醤煮込み

スープに豆板醤や味噌、牛乳で
まろやかなコクを加えています。
(料理／五十嵐美幸)

材料（2人分）

ジャガイモ（男爵）… 1個
鮭（切り身。甘塩）… 1枚
トマト（中）… 1個
A
　豆板醤 … 大さじ1/2
　合わせ味噌 … 大さじ1/2
　鶏ガラスープ（有塩）… 200cc
牛乳 … 50cc

作り方

1. ジャガイモは丸ごと30分蒸して、皮をむき、4等分に切る。
2. トマトは皮を湯むきして、4等分のくし形に切る。
3. 鮭は3等分に切り、両面を軽く焼く。
4. フライパンにAを入れて火にかけ、3の鮭と1のジャガイモを入れて中火で5分煮込む。
5. 4に2のトマトと牛乳を入れ、中火で軽く煮込む。

じゃがいもと牡蠣のオイスター煮

白いご飯によく合います。
(料理／五十嵐美幸)

材料（2人分）

ジャガイモ（男爵） … 1個
牡蠣（加熱用） … 6粒
長ネギ … 1本
生姜 … 10g
A
　オイスターソース … 大さじ1
　鶏ガラスープ（有塩） … 150cc
　醤油 … 大さじ1/2
サラダ油 … 大さじ1
ゴマ油 … 大さじ1

作り方

1. ジャガイモは丸ごと30分蒸して、皮をむき、6等分に切る。
2. 長ネギは5cm長さに切る。生姜は皮をむいて薄切りにする。
3. 牡蠣は水で洗い、さっとゆでて水気を切る。
4. フライパンにサラダ油をひき、2のネギと生姜を入れて軽く焼き、3の牡蠣、1のジャガイモ、Aを入れ、蓋をして弱火で10〜15分煮込む（少し汁気が残るくらい）。
5. 最後にゴマ油を加える。

胡麻肉じゃが（担々風）

味つけの幅が広いジャガイモですから、担々麺のスープにもすんなりなじみます。
(料理／五十嵐美幸)

材料（2人分）

ジャガイモ（男爵） … 2個
豚こま肉 … 150g
ニラ … 1/2束
玉ネギ … 1/2個
サラダ油 … 大さじ1
A
　練りゴマ（白） … 大さじ2
　オイスターソース … 大さじ1
　醤油 … 大さじ1/2
鶏ガラスープ（有塩） … 200cc
すりゴマ(白)、ラー油 … 各適量(好みで)

作り方

1. ジャガイモは丸ごと30分蒸して、皮をむき、4等分に切る。ニラはみじん切りにする。玉ネギ（1/2個）は3等分のくし形に切る。
2. フライパンにサラダ油をひき、1の玉ネギと豚肉を入れて炒める。鶏ガラスープ、1のジャガイモを入れ、Aを加えて10〜15分煮込む（ジャガイモに味が染み込むまで）。
3. 最後にニラを入れて軽く混ぜ合わせる。
4. 器に盛り、好みですりゴマとラー油をかける。

煮て作る

じゃがいもの麻婆仕立て

豆腐の代わりにジャガイモを使った麻婆じゃが。
食べ応えはこちらのほうがあるかもしれません。
（料理／五十嵐美幸）

材料（2人分）

ジャガイモ（男爵）… 1個（200g）
豚こま肉 … 100g
ワケギ … 2本
サラダ油 … 大さじ1
A
　豆豉醤（トウチジャン。
　　なければ八丁味噌）… 大さじ2
　豆板醤 … 小さじ1
　ニンニク（みじん切り）… 小さじ1
　生姜（みじん切り）… 小さじ1
　酢 … 大さじ1/2
　醤油 … 大さじ1/2
鶏ガラスープ（有塩）… 150cc
水溶き片栗粉（片栗粉1：水1）
　… 大さじ2
粉山椒（中国山椒粉）、ラー油
　… 各適量（好みで）

作り方

1. ジャガイモは丸ごと30分蒸して、皮をむき、6等分に切る。豚こま肉は、粗みじんに切る。ワケギは3cm長さに切る。
2. フライパンにサラダ油をひき、1の豚肉を入れてしっかり炒める。鶏ガラスープとA、1のジャガイモを入れて5分煮込み（ジャガイモに味が染み込むまで）、ワケギを加えて軽く煮込む。
3. 2に水溶き片栗粉でとろみをつけ、粉山椒、ラー油を好みでかける。

サルデーニャ風 サフラン風味の じゃがいもとかさごのトマト煮込み

サルデーニャの素朴な煮込み料理です。
(料理/佐藤護)

材料（2人分）

- ジャガイモ（インカのめざめ）… 2個
- カサゴ … 1尾
- トマトソース（p.90参照）… 適量
- ニンニク … 1粒
- ドライトマト … 適量
- 黒オリーブ … 適量
- ケッパー … 適量
- サフラン … 1g
- 塩 … 少量
- オリーブ油 … 適量
- イタリアンパセリ（みじん切り）… 少量

作り方

1. 鍋に適量の水、サフラン、塩、皮をむいて薄切りにしたジャガイモを入れ、崩れないよう弱火でゆっくりゆでる。ゆで汁に浸けたまま冷ましておく。
2. カサゴは内臓とエラを取り、身に切り込みを入れる。
3. フライパンに、つぶしたニンニクとオリーブ油を入れて火にかける。ニンニクが色づいたら、塩をした2のカサゴを入れて両面を焼く。
4. 3に1をすべて入れ、トマトソース、ドライトマト、黒オリーブ、ケッパーを加え、蓋をして弱火でゆっくりと、カサゴに味が入るまで煮る。仕上げにイタリアンパセリとオリーブ油をふる。

ポトフ

ごろごろとした野菜がおいしい!
鶏の旨みをじっくりと引き出し、それを野菜に含ませるイメージで。
(料理／島田哲也)

材料(2人分)

鶏手羽元 … 4本
タイム … 1枝
ニンニク(つぶす) … 1粒
ローリエ … 2枚
塩、コショウ(必要なら) … 各適量
A
  ジャガイモ(メークイン。皮をむき、縦にくし形切りにする) … 1個分
  玉ネギ … 4等分のくし形切り×2個
  ニンジン(縦半分に切る) … 1/3本分
  キャベツ(くし形切り) … 1/8個分
  ベーコン(薄切り) … 2枚
タイム(フレッシュ)、イタリアンパセリ、ミニョネット(つぶした黒粒コショウ) … 各適量

作り方

1. 鶏手羽元に軽く塩をし、15分ほどおいておく(肉に塩を染み込ませる)。
2. 1の水気をふき取って鍋に入れ、たっぷりの水を加えて火にかける。タイム、ニンニク、ローリエを入れてゆっくり火を入れる。
3. 2の鶏肉に竹串を刺し、スッと通るようになったら、Aの材料を入れて煮る(途中でアクを取る)。味を見て足りなければ塩、コショウを少量加える。ジャガイモに火が入ればでき上がり。フレッシュのタイムとちぎったイタリアンパセリの葉、ミニョネットを散らす。

ポイント

- 最初に鶏肉にふる塩がポイント。これで手羽元がしっとり上がり、その塩味でポトフがおいしくなる。ただしふる塩は、焼く場合より2割ほど少なめにする。
- 途中でアクをひくが、脂は取りすぎないほうがおいしい。

鯖味噌じゃが

鯖味噌にジャガイモをプラス。味噌味のジャガイモがおいしい。
鯖と交互に食べると食べ飽きません。
(料理／小泉功二)

材料 (4人分)

- サバ(切り身) … 4切れ
- ジャガイモ … 200g
- だし汁 … 300cc
- 酒 … 150cc
- 砂糖 … 大さじ6
- 味噌 … 90g
- 生姜(薄切り) … 4枚
- キヌサヤ(ゆでる) … 8枚

作り方

1. ジャガイモは皮をむいてゆで、一口大に切る。
2. サバは軽く湯通しし、冷水に落とし、水気を切る。
3. 鍋にだし汁と砂糖、酒、生姜を合わせて沸かし、2のサバを入れて火を通す。アクをすくい、味噌を溶き入れて少し火にかけ、味が調ったところで1のジャガイモを入れて温める。味がなじんだらでき上がり。
4. 器に盛り、ゆでたキヌサヤを添える。

煮て作る

じゃがいもと鶏肉、水菜の煮浸し

素材の味を生かす、シンプルな煮物です。
味が濃くないのでいくらでも食べられます。
(料理／小泉功二)

材料 (4人分)

ジャガイモ … 300g
鶏肉 (モモ肉) … 1/2枚
水菜 … 4株
だし汁 … 250cc
薄口醤油 … 10cc
みりん … 少量
ゴマ油 … 適量

作り方

1. ジャガイモは皮をむいてゆで、大きめの一口大に切る。
2. 鶏肉はフライパンで皮目を焼き、大きめの一口大に切る。
3. 水菜は食べやすい長さに切り、ゴマ油をひいたフライパンで香ばしく炒める。
4. 鍋にだし汁、薄口醤油、みりんを合わせて火にかける。2の鶏肉を入れ、火が入ったら1のジャガイモ、3の水菜を入れて温め、器に盛る。

煮て作る

じゃがいもの沢煮椀

たっぷりの細切り素材を、あっさりとしただしで食べる沢煮椀です。
野菜のおいしさがそのまま味わえます。
（料理／小泉功二）

材料（4人分）

A
| ジャガイモ（皮をむく）… 100g
| 大根（皮をむく）… 30g
| シイタケ … 2個
| 三つ葉 … 1株
| 長ネギ（白い部分）… 1本
| ニンジン（皮をむく）… 10g
| アサツキ … 8本
だし汁 … 400cc
薄口醤油 … 15cc
木の芽 … 8枚

作り方

1. Aはすべて5cm長さほどの細切りにする。ジャガイモと大根はさっとゆでておく。
2. 鍋にだし汁を入れて火にかけ、薄口醤油を加える。1の材料を入れてさっと火を通し、薄口醤油（分量外）で味を調える。器に盛り、木の芽を添える。

汁物・スープ・蒸し物

ジャガイモ自体を液状にするもの、具材として使用するもの。
どちらもジャガイモの持ち味を生かして作ります。
和・洋・中、どんな味つけにもなじむのは、他の料理と同じです。

あさりとじゃがいものスープ

アサリの旨みでジャガイモを食べるスープ。青海苔でコクを加えています。
（料理／島田哲也）

材料（2人分）

- アサリ（砂抜きしたもの）… 20個
- ジャガイモ（男爵。皮をむき1cm角、2mm厚さに切ったもの）… 1個分
- ニンニク（みじん切り）… 1/2粒分
- 白ワイン … 150cc
- 青海苔（生）… 大さじ2
- タイム … 2枝
- 塩、コショウ … 各適量

作り方

1. 鍋にニンニク、アサリ、白ワインを入れて蓋をし、火にかける。
2. 1のアサリの殻が開いたら、鍋から取り出しておく。
3. 2のアサリを取り出した後の鍋に、水を200ccとジャガイモを加え、火にかける。
4. 4～5分煮てジャガイモに火が入ったら、青海苔を加え、2のアサリを戻し入れ、タイムをちぎって入れる。塩、コショウで味を調える。
5. 器に盛り、粗塩（分量外）とコショウを少量ふる。

汁物・スープ・蒸し物

じゃがいもと長ねぎの クリームスープ

ジャガイモにネギの風味を
加えて作りました。
色もほんのり緑色です。
(料理／島田哲也)

材料（4人分）

ジャガイモ（男爵）… 20g
長ネギ（白い部分）… 150g
長ネギ（青い部分）… 50g
ベーコン … 1枚
ノイリー酒 … 100cc
水 … 300cc
無塩バター … 15g
生クリーム … 150g
牛乳 … 200g
グレープシード油 … 少量
塩、コショウ … 各適量

作り方

1. ジャガイモは皮をむき、薄切りにする。長ネギの白い部分と青い部分もそれぞれ薄切りにする。ベーコンは短冊切りにする。
2. フライパンにグレープシード油を薄くひき、1の長ネギの白い部分とベーコンを炒める。
3. 2に無塩バターと1のジャガイモを加えて軽く炒める。
4. 3にノイリー酒を加えてアルコールをとばした後、分量の水を加え、煮詰めないように火を入れる。
5. ジャガイモに火が入ったら1の長ネギの青い部分を加え、ミキサーでピューレにする。
6. 5を鍋に戻して生クリームと牛乳を加えて軽く沸かし、塩、コショウで味を調え、火からおろす。
7. 泡立て器で軽く混ぜて器に注ぎ、細切りにしてゆでたジャガイモと小口切りの万能ネギ（ともに分量外）を添える。

汁物・スープ・蒸し物

じゃがいもの冷やし素麺

ジャガイモを素麺のように仕立てた一品。
汁もキンキンに冷やして、暑い夏の汁物代わりにどうぞ。
(料理／小泉功二)

材料（4人分）

ジャガイモ … 200g
みょうが … 1個
大葉 … 4枚
長ネギ（白い部分）… 5cm×2
だし汁 … 400cc
薄口醤油 … 40cc
みりん … 少量
煎り白ゴマ … 少量

作り方

1. ジャガイモは皮をむいて極細のせん切りにし（ab）、沸騰した湯でさっとゆでて冷水に取り、水気を切る。
2. みょうが、大葉、長ネギは、細く刻んで合わせておく。
3. だし汁、薄口醤油、みりんは鍋に合わせて軽くひと煮立ちさせ、冷ました後、冷蔵庫でよく冷やしておく。
4. 器に1を入れて3の汁を注ぎ、2をのせる。みじん切りの大葉（分量外）と煎りゴマを散らす。

ポイント

ジャガイモは極細切りにすると素麺らしい。かつらむきにしてから細切りにするといいが、難しければスライサーでスライスしてから細く切るとよい。

a

b

じゃがいもと春雨の酸辣スープ

酸っぱくて辛い味が人気の酸辣スープ。野菜もたっぷり入れて作ると、食べ応えのあるおかずスープになります。
(料理／五十嵐美幸)

材料 (2人分)

ジャガイモ (メークイン) … 1/2個
トマト (中) … 1個
春雨 (戻したもの) … 50g
ワケギ … 2本
タケノコ (水煮。細切り) … 60g
鶏ガラスープ (有塩) … 400cc
ラー油 … 大さじ2
酢 … 大さじ1

作り方

1. ジャガイモは皮をむき、薄切りにした後細切りにする。トマトはヘタを取って乱切りにする。ワケギは小口切りにする。
2. フライパンに鶏ガラスープ、1のジャガイモ、春雨、タケノコを入れて火にかけ、軽く煮込む。
3. 2に1のトマト、酢、ラー油を入れて煮込み、最後にワケギを入れる。

じゃがいもとトマトのポタージュ

鶏ガラスープとジャガイモだけで作るシンプルなスープ。
食べるときにトマトの旨みや酸味が加わって、味の変化が楽しめます。
(料理／五十嵐美幸)

材料（2人分）

ジャガイモ（男爵）… 1個
トマト（中）… 1個
鶏ガラスープ（有塩）… 300cc
バジル … 適量（好みで）

作り方

1. トマトはヘタを取って皮を湯むきした後、15分蒸す。4等分のくし形に切り、形を戻して器に盛る。
2. ジャガイモは丸ごと1時間蒸して、皮をむいて4等分に切り、鶏ガラスープを加えてミキサーにかけ、ペースト状にする。
3. 2をフライパンに入れて火にかけて温め、1のトマトにかけながら注ぐ。好みでバジルを飾る。

じゃがいもプリンの蟹あんかけ

ぽってりとしたクリームのようなやわらかさです。
やさしい味に蟹あんがぴったり。
(料理／五十嵐美幸)

材料（2人分）

ジャガイモ（アンデスポテト）
　… 1/2個（100g）
カニフレーク（カニのほぐし身。缶詰可）
　… 25g
水溶き片栗粉（片栗粉1：水1）
　… 大さじ1（プリン用）＋大さじ1（あん用）
サラダ油 … 大さじ1/3
生クリーム … 大さじ1
鶏ガラスープ（有塩）
　… 100cc（ペースト用）＋150cc（あん用）

作り方

1. ジャガイモは丸ごと1時間蒸して、皮をむき、鶏ガラスープ100ccと一緒にミキサーにかけてペースト状にする。
2. フライパンにサラダ油をひき、1と生クリームを入れて木ベラで混ぜながら弱火で炒める。水分がなくなりボタッとした感じになったら、水溶き片栗粉大さじ1を加えてとろみをつけ、器に盛る。
3. 鍋に鶏ガラスープ150ccを入れて熱し、カニフレークを入れて、水溶き片栗粉大さじ1でとろみをつけてあんを作る。2にかける。

芋練り味噌汁

白玉粉を加えて作る、もちもちしたジャガイモ団子がおいしい。
いつもと違う、ジャガイモの味噌汁に。
(料理／小泉功二)

材料 (2人分)

A
　ジャガイモのペースト (蒸して皮をむき、
　　ヘラなどでつぶしたもの) … 100g
　白玉粉 … 15g
　水 … 15cc
小麦粉 (薄力粉) … 適量
揚げ油 (サラダ油) … 適量
だし汁 … 400cc
味噌 … 12g
アサツキ (薄い小口切り) … 少量

作り方

1. Aを混ぜ合わせ、好みの大きさの団子に丸める。薄力粉をつけ、高温 (170℃) の油で揚げる。
2. 鍋にだしを入れて熱し、味噌を溶き、1の団子を入れてよく温める。器に盛り、アサツキを散らす。

汁物・スープ・蒸し物

じゃがかす汁

酒かすにジャガイモペーストを加えて作る、
やわらかい味わいのかす汁です。
（料理／小泉功二）

材料（4人分）

A
- だし汁 … 720cc
- 酒かす … 80g
- ジャガイモのペースト（蒸して皮をむき、ヘラなどでつぶしたもの）… 200g

- 薄口醤油 … 15～20cc（好みで）
- ゴボウ … 1本
- ニンジン … 1/2本
- 大根 … 5cm分
- ブリ（切り身）… 3切れ
- ホウレン草（ゆでたもの）… 適量
- 黄柚子皮（すりおろし）… 少量

作り方

1. ゴボウは洗い、ニンジンと大根は皮をむき、すべて一口大に切って下ゆでしておく。
2. ブリは食べやすい大きさに切り、湯通しして冷水に取り、水気を切る。
3. Aを鍋に合わせてひと煮立ちさせ、2のブリを入れて火を通し、1の野菜を入れる。すべての材料が温まったら薄口醤油で味を調える。
4. 器に盛り、ゆでたホウレン草を添え、黄柚子の皮をおろしかける。

汁物・スープ・蒸し物

じゃがいものすり流し

加えるのはおいしいだしと、少しの調味料。
ジャガイモそのもの、といった味わいです。
(料理／小泉功二)

材料（2人分）

ジャガイモのペースト（皮をむいてゆで、
　裏漉したもの）… 150g
だし汁 … 300cc
薄口醤油 … 5cc
塩 … 少量
生ウニ … 8粒
黒コショウ … 少量

作り方

1. ジャガイモのペーストをボウルに入れ、だし汁を少しずつ加えながら泡立て器で混ぜてのばしていく。薄口醤油と塩で味を調える。
2. 1を器に盛り、生ウニをのせ、黒コショウをふる。

じゃがいもの茶碗蒸し

ジャガイモが、卵の味を邪魔しないやさしいあんに。
〔料理／小泉功二〕

材料（2個分）

卵 … 2個
だし汁 … 260cc
薄口醤油 … 8cc
みりん … 4cc
じゃがいものすり流し
　（p.118作り方1参照）… 適量
トリュフオイル（あれば）… 少量
青柚子皮（すりおろし）… 少量

作り方

1. 卵をよく溶きほぐし、だし汁と薄口醤油、みりんを合わせ、目の細かいザルで漉す。
2. 1を器に流し、蒸気が上がった蒸し器に入れて強火で1分蒸した後、弱火にして4〜5分蒸す。
3. 蒸し上がった2の上に、温めたじゃがいものすり流しを流す。トリュフオイルを1、2滴落とし、青柚子の皮をおろしかける。

ポイント

器の厚さにより蒸し時間はかなり変わるので、使う器によって調整する。

ニョッキ・麺・水餃子・米料理

主食として食べられる、小麦粉や米＋ジャガイモの料理です。
ジャガイモを加えることでボリュームがアップして、
どれも食べ応えは充分です。

じゃがいものニョッキ
ゴルゴンゾーラクリームソース

シンプルなニョッキにはトマトソースもよく合いますが、ここではゴルゴンゾーラをきかせたクリームソースで。
(料理／佐藤護)

材料

A(ニョッキ生地。作りやすい量)
　ジャガイモ(メークイン)…500g
　小麦粉(00粉※)…110g
　卵…1個
　パルミジャーノ・レッジャーノ・チーズ
　　(すりおろしたもの)…30g
　ナツメグ、塩…各少量

ソース(1人分)
　ゴルゴンゾーラ・チーズ…30g
　生クリーム…200cc
　無塩バター…10g
　ブランデー…適量
　塩…少量(塩気が足りなければ)

※00粉がなければ、強力粉と薄力粉を半々で混ぜ合わせて使用する。

作り方

1. ニョッキを作る。ジャガイモは皮付きのままゆでて皮をむき、裏漉しておく。Aの材料をすべて合わせて練り(ab)、ラップフィルムで包んで冷蔵庫で1時間ほどやすませる。生地を棒状にのばして2cm幅に切る(cd)。フォークに生地の断面を下にしてのせ(e)、軽く押すように転がして筋をつける(fg)。沸騰湯で2分ほどゆでる(h)。

2. ソースを作る。フライパンにバターを入れて火にかけ、ゴルゴンゾーラ・チーズを入れて軽く溶かし、ブランデーを加えてフランベ(火をつけてアルコールをとばす)する。生クリームを入れて濃度がつくまで煮詰める。

3. 2にゆで上がった1のニョッキを入れて合わせ(i)、皿に盛る。

カネーデルリ

ジャガイモやパン(パン粉)などで作る、ボリュームたっぷりの団子。
北イタリアで食べられます。
(料理/佐藤護)

材料(10人分)

A
　ジャガイモ(男爵。ゆでて皮をむき、
　　裏漉したもの)… 400g
　パン粉 … 150g
　牛乳 … 300g
　玉ネギ(みじん切り)… 50g
　ハム(みじん切り)… 50g
　グラナパダーノ・チーズ
　　(すりおろしたもの)… 50g
　卵 … 1個
　ローズマリー(みじん切り)… 1枝分
　塩、白コショウ … 各少量
ブロード(ブイヨン。好みのもの)
　　… 適量
イタリアンパセリ(みじん切り)… 少量

作り方

1. Aの材料を混ぜ合わせ、1個20gに分けて丸め、沸騰した湯で5分ゆでる。
2. 1を皿に盛り、温めたブロードを注ぎ、イタリアンパセリをふる。

フリウリ風プラムを詰めたニョッキ
シナモン風味のバターソース

ほんのり甘いニョッキも、イタリアではパスタやリゾットと同じ位置付けの、プリモピアットとして食べられます。
(料理/佐藤護)

材料(2人分)

ドライプルーン … 10個
無塩バター … 20g
A(ニョッキ生地。作りやすい量)
 ジャガイモ(男爵) … 250g
 小麦粉(00粉※) … 70g
 無塩バター … 25g
 全卵 … 1/2個
 牛乳、塩 … 各少量
B
 シナモンパウダー … 5g
 グラニュー糖 … 10g
 パン粉(ミキサーで細かくする) … 10g
 ＊合わせておく。

※00粉がなければ、強力粉と薄力粉を半々で混ぜ合わせて使用する。

作り方

1. ニョッキを作る。ジャガイモは皮付きのままゆでて皮をむき、裏漉しておく。
2. **A**をフードプロセッサーで練り、まとめてラップフィルムで包んで冷蔵庫で1時間ほどやすませる。
3. 2の生地を棒状にのばして2cm幅で切り出し、ドライプルーンを1個ずつ包む。沸騰した湯で3分ほどゆでる。
4. フライパンにバターを溶かし、3のニョッキのゆで汁を少し加えてソースとし、3のニョッキを入れて和える。仕上げに**B**をふりかけ、皿に盛る。

じゃがいもを練り込んだタリアテッレ
ヴォンゴレビアンコ

生地にジャガイモを加えることによってコシが出て、
アサリのだしともなじみやすくなります。
（料理／佐藤護）

材料

A（タリアテッレ。作りやすい量）
- ジャガイモ（インカのめざめ）… 130g
- 小麦粉（００粉※）… 500g
- 卵黄 … 5個
- オリーブ油 … 10cc
- 塩 … 少量

B（1人分）
- アサリ（砂抜きしたもの）… 10個
- ニンニク（みじん切り）… 1粒分
- イタリアンパセリ（みじん切り）… 5g
- オリーブ油 … 10cc
- 塩、白コショウ … 各少量

※００粉がなければ、強力粉と薄力粉を半々に混ぜ合わせて使用する。

作り方

1. タリアテッレを作る。ジャガイモは皮付きのままゆでて皮をむき、裏漉しする。Aの材料をすべて合わせてフードプロセッサーで練り（ab）、なめらかになったらラップフィルムで包み、冷蔵庫で1時間ほどやすませる。パスタマシンで2mm厚さにのばし、8mm幅に切る（cde）。
2. フライパンにBのオリーブ油、ニンニク、イタリアンパセリを入れて火にかけ、香りが立ったらアサリを入れて蓋をする。音がおさまったら水を90ccほど加える。
3. 1のタリアテッレを1人分（70g）ゆでて2に入れ、ゆで汁、オリーブ油（分量外）、塩、コショウで味を調整し、皿に盛る。

カラーブリア風
じゃがいも、卵、パンチェッタのペンネ

卵やチーズを加えたクリーミーなソースです。
(料理／佐藤護)

材料 (1人分)

ジャガイモ (インカのめざめ) … 2個
ペンネ … 60g
パンチェッタ (※5mm幅の棒状に切る)
　… 20g
オリーブ油、塩 … 各適量
揚げ油 (サラダ油) … 適量
A
　卵黄 … 1個
　全卵 … 1個
　パルミジャーノ・レッジャーノ・チーズ
　　(すりおろしたもの) … 5g
　ペコリーノ・チーズ (すりおろしたもの)
　　… 5g
　黒コショウ … 少量

※パンチェッタは豚のバラ肉を塩漬けにしたもの。

作り方

1. ジャガイモは皮をむいてゆで、1.5cm角に切り、油で揚げておく。
2. オリーブ油とパンチェッタをフライパンに入れて火にかける (出てきた脂はAと混ぜておく)。
3. ペンネを通常通りゆで上げる。
4. 2のフライパンを火からはずし、3のペンネと少量のゆで湯、1のジャガイモを入れ、フライパンの温度が下がったところに、混ぜ合わせておいたAを入れる。
5. 4のフライパンを再び弱火にかけ、卵がボソボソにならないように絶えず混ぜながら火を入れていく。濃度がついてきたら塩で味を調えて皿に盛り、黒コショウ (分量外) をふる。

ポイント
ソースは必ず温度が下がってから入れる。

じゃがいもと バジリコペーストの トロフィエ

トロフィエは、リグーリア生まれのショートパスタ。
道具を使わずに作れるので簡単です。
バジリコペーストとジャガイモなどを合わせたソースで食べるのが、
伝統的な食べ方。
（料理／佐藤護）

材料（1人分）

ジャガイモ（インカのめざめ）… 1個
トロフィエ（作りやすい量）… 60ｇを使用
- 小麦粉（００粉※）… 500ｇ
- 水 … 220cc
- オリーブ油、塩 … 各少量

※００粉がなければ、強力粉と薄力粉を半々で混ぜ合わせて使用する。

バジリコペースト（作りやすい量）… 30ｇを使用
- A
  - バジリコ … 50ｇ
  - パルミジャーノ・レッジャーノ・チーズ（すりおろしたもの）… 20ｇ
  - 松の実 … 10ｇ
  - ニンニク … 1/2粒
  - オリーブ油（よく冷やしておく）… 60cc
  - サラダ油（よく冷やしておく）… 150cc
- 塩 … 少量

無塩バター … 10ｇ

作り方

1. トロフィエを作る。すべての材料を合わせてフードプロセッサーで練り、まとまったらラップフィルムで包んで冷蔵庫で1時間ほどやすませる。生地を棒状にのばして1㎝幅に切り出し、手の側面を使ってらせん状にねじる。
2. バジリコペーストを作る。Aを合わせてミキサーで回しながら、塩で味を調える。
3. ジャガイモは皮をむいて1㎝角に切る。
4. 1のトロフィエ60ｇと3を一緒にゆでる（ゆで汁も使用する）。
5. フライパンに、4のゆで汁適量とバジリコペースト30ｇを入れて温め、水気を切った4のトロフィエとジャガイモを入れてからめる。仕上げにバターを加えて乳化させる。

ニョッキ・麺・水餃子・米料理

サルデーニャ風じゃがいものラビオリ、
クルルジョニス トマトソース

ニョッキ・麺・水餃子・米料理

じゃがいもの水餃子

じゃがいもとピーマンの
あんかけ焼きそば

サルデーニャ風じゃがいものラビオリ、クルルジョニス トマトソース

サルデーニャの伝統料理。ミントの風味がきいています。
形は麦の穂をイメージ。
（料理／佐藤護）

材料（10人分）

A（パスタ生地。作りやすい量）
　セモリナ粉 … 500g
　ぬるま湯 … 250cc
　塩 … 少量

B（詰め物）
　ジャガイモ（ゆでて皮をむき、
　　裏漉したもの）… 300g
　ペコリーノ・チーズ … 125g
　ミント（みじん切り）… 7枚分
　ニンニク（みじん切り）… 少量
　オリーブ油 … 10cc
トマトソース（p.90参照）… 適量

作り方

1. Aを合わせて練り、パスタ生地を作る。
2. Bを混ぜ合わせ、絞り袋に入れる。
3. 1の生地を薄くのばし、直径6cmほどの丸型で抜く（a）。
4. 3の上に2を絞り出してのせ、麦の穂形に包む（b〜f）。
5. 4を沸騰した湯で3分ゆでて、フライパンで温めたトマトソースをからめる。皿に盛り、ミントの葉（分量外）を散らす。

じゃがいもの水餃子

具のジャガイモの大きさが大事です。
大きすぎず、小さすぎず、シャキシャキ感が楽しめる大きさに。
（料理／五十嵐美幸）

材料（2人分）

ジャガイモ（男爵）… 120g
鶏挽き肉 … 150g
ニラ（粗みじん切り）… 50g
生姜（すりおろし）… 小さじ1
餃子の皮（大判）… 20枚

A
| コショウ … 少量
| オイスターソース … 大さじ1/2
| ゴマ油 … 大さじ1
| 醤油 … 小さじ1

B
| ニンニク（すりおろし）… 小さじ1
| 酢 … 大さじ1
| 醤油 … 大さじ3
| ラー油 … 大さじ1/2

作り方

1. ジャガイモは皮をむいて粗みじんに切り、さっとゆでる。冷水にさらし、よく水気を取る。
2. ボウルに鶏挽き肉、ニラ、生姜、A、1を入れてよく練る。
3. 餃子の皮で、2を包む。沸騰した湯に入れて3分ゆで、水気を切って器に盛る。
4. Bを混ぜてたれを作り、3にかける。

じゃがいもとピーマンのあんかけ焼きそば

焼きそばはカリカリに焼いてください。
上のあんと一緒に食べたときに、ちょうどいい固さになります。
（料理／五十嵐美幸）

材料（2人分）

ジャガイモ（メークイン）… 1個
ピーマン … 2個
もやし … 1/2袋
サラダ油 … 大さじ2（麺用）
　　　　＋大さじ2（あん用）
焼きそば麺 … 1玉
鶏ガラスープ（有塩）… 150cc
コショウ … 少量
水溶き片栗粉（片栗粉1：水1）
　　… 大さじ1
酢 … 小さじ1

作り方

1. ジャガイモは皮をむき、3mm厚さの薄切りにした後細切りにし、水にさらす。ピーマンはヘタと種を取り、縦に細切りにする。もやしはさっと水洗いする。
2. 焼きそば麺を電子レンジで30秒温める。フライパンにサラダ油大さじ2をひいて麺を広げて入れ、上から軽く押しつぶし（フライ返しなどで押さえる）、両面ともカリッと焼く。4等分に切り、軽くほぐして皿に盛る。
3. フライパンにサラダ油大さじ2をひき、1の野菜を入れて軽く炒め、鶏ガラスープを入れる。
4. 3が沸いたらコショウ、水溶き片栗粉を入れ、とろみがついたら酢を加え、2の上に盛る。

ニョッキ・麺・水餃子・米料理

じゃがいものお粥(鶏肉、青菜)

ヴェネト風じゃがいものリゾット

ニョッキ・麺・水餃子・米料理

じゃがいも香りご飯

じゃが茶漬け

じゃがいものお粥（鶏肉、青菜）

お米にジャガイモの自然なとろみが加わった、やさしい味のスープ風お粥です。
（料理／五十嵐美幸）

材料（2人分）

- ジャガイモ（男爵）… 1個
- 鶏モモ肉 … 1枚
- チンゲン菜 … 1株
- お粥の素（下記参照）… 下記の分量
- サラダ油 … 大さじ1
- 鶏ガラスープ（有塩）
   … 100cc＋400cc

お粥の素（作りやすい量）

米100g、水700ccを鍋に合わせて火にかける。沸騰したら弱火にし、15分煮込む（途中で2、3回混ぜ合わせる）。

作り方

1. 鶏モモ肉は一口大に切る。チンゲン菜は1cm角に切る。
2. ジャガイモは丸ごと1時間蒸して、皮をむき、鶏ガラスープ100ccを加えてミキサーにかけ、ペースト状にする。
3. フライパンにサラダ油をひき、1の鶏肉を入れて軽く炒める。鶏ガラスープ400ccを入れ、蓋をして3～4分煮込む（鶏肉の旨みをスープに移す）。
4. 3にお粥の素と2のジャガイモペーストを入れて軽く煮込み、1のチンゲン菜を入れてまた軽く煮込んだらでき上がり。

ヴェネト風じゃがいものリゾット

ジャガイモの他グリーンアスパラガスも加え、よりおいしそうな色合いに。
（料理／佐藤護）

材料（1人分）

- ジャガイモ（男爵）… 1個
- 米 … 50g
- グリーンアスパラガス（斜め薄切り）
   … 2本分
- パンチェッタ（※みじん切り）… 10g
- エシャロット（みじん切り）… 5g
- パルミジャーノ・レッジャーノ・チーズ
   （すりおろしたもの）… 適量
- 無塩バター … 適量
- 白ワイン … 適量
- 塩、白コショウ … 各少量
- 鶏のブロード（ブイヨン）… 500cc

作り方

1. ジャガイモは皮付きのままゆでて皮をむき、1cm角に切る。
2. 鍋にバターとエシャロット、パンチェッタ、米を入れて炒める。白ワインを加えてアルコールをとばした後、ブロードを少しずつ加えながら炊いていき、米に半分ほど火が通ったら1とアスパラガスを加える。
3. 米に少し芯が残る状態でパルミジャーノ・チーズとバターを入れてよく混ぜ、塩、コショウで味を調えて皿に盛る。パルミジャーノ・チーズをかける。

※パンチェッタは豚のバラ肉を塩漬けにしたもの。

じゃがいも香りご飯

土鍋の蓋を開けたときの、おいしい香りが食欲をそそります。
揚げたジャガイモが香ばしくておいしい!
(料理／小泉功二)

材料 (作りやすい量)

A
| 米 (といだもの) … 570g
| だし汁 … 540cc
| 薄口醤油 … 15cc
ジャガイモ … 150g
揚げ油 (サラダ油) … 適量
合わせ味噌 (作りやすい量)
　… 30gを使用
| 田舎味噌 … 300g
| すりゴマ … 10g
| だし汁 … 150cc
| ＊混ぜ合わせる。
大葉 (粗みじん切り) … 1束分
アサツキ (みじん切り) … 大さじ3
七味唐辛子 … 少量

作り方

1. Aを土鍋に合わせ、通常通りご飯を炊く。
2. ジャガイモは皮をむいて1cm角に切り、熱した油で素揚げする。
3. 炊き上がった1のご飯の上に合わせ味噌30gをのせ、2のジャガイモをのせる。大葉、アサツキ、七味唐辛子を散らす。盛り付けるときに、全体を混ぜ合わせる。

じゃが茶漬け

ごまだれで食べる鯛茶漬けをイメージ。鯛の代わりに、
ジャガイモのペーストに練りゴマを合わせたものをのせています。
(料理／小泉功二)

材料 (4人分)

ジャガイモ … 200g
濃口醤油 … 70cc
練りゴマ (白) … 90g
三つ葉 (5mm幅に切る) … 1/3束分
だし汁 … 400cc
薄口醤油 … 少量
もみ海苔、煎りゴマ、わさび(すりおろし)
　… 各適量
ご飯 … 適量

作り方

1. ジャガイモは蒸して皮をむき、ボウルに入れてヘラなどでつぶす。濃口醤油と練りゴマを加え、よく混ぜ合わせる。
2. 鍋にだしを熱し、少量の薄口醤油で味つける。
3. 器にご飯を盛り、1をのせて2を注ぎ、三つ葉、煎りゴマを散らし、もみ海苔、わさびをのせる。

デザート

和とイタリアンから、デザートを2品。
カリカリとフワフワの異なる食感、
異なる甘みとの組み合わせがおもしろい。

じゃがいも、あずき ミルフィーユ

揚げたジャガイモとあずきあん、
ラム酒のゼリーを一緒に
食べてください。
大人味のデザートです。
（料理／小泉功二）

材料

ジャガイモ … 適量
揚げ油（サラダ油）… 適量
あずきあん（粒あん）… 適量
ラム酒ゼリー（作りやすい量）

| ラム酒 … 150cc
| 砂糖 … 100g
| 水 … 700cc
| 粉ゼラチン … 9g

作り方

1. ジャガイモは皮をむき、1mmほどの厚さに切る。低温〜中温の油でじっくり揚げて、パリパリにする。
2. ラム酒ゼリー：ラム酒、砂糖、分量の水を鍋に合わせてひと煮立ちさせる（砂糖を溶かし、アルコール分を少しとばすため）。ゼラチンを加えて完全に溶けるまで火にかける。粗熱を取り、バットなどに流して冷蔵庫で冷やし固める。
3. 1とあずきあんを層にして器に盛り、包丁で細かく切ったラム酒ゼリーを添える。

デザート

じゃがいも入りゼッポレ
アプリコットのソース

イタリアの揚げ菓子です。
それ自体は甘くなく、
甘いソースをたっぷりかけて食べます。
(料理／佐藤護)

材料（20個分）

A
- 牛乳 … 50cc
- 生イースト … 17g
- 塩 … 少量

B
- ジャガイモ（メークイン。ゆでて皮をむき、裏漉したもの）… 125g
- 小麦粉（００粉※）… 250g
- 卵黄 … 250g
- オレンジ果汁 … 25cc
- オレンジの皮（すりおろし）… 1/2個分
- リコッタ・チーズ … 100g

揚げ油（サラダ油）… 適量
アプリコットジャム、オレンジ（薄皮をむき、2、3等分に切る）、イチゴ（4等分に切る）、ミント、粉糖 … 各適量

※００粉がなければ、強力粉と薄力粉を半々で混ぜ合わせて使用する。

作り方

1. Aを合わせて人肌に温める。
2. 1とBをボウルで混ぜ合わせ、ラップフィルムをかけて温かいところで発酵させる。
3. 2の生地を絞り袋に入れ、8cm幅に切ったクッキングペーパーの上に、1つずつリング状に絞り出す。
4. 3を180℃の油でキツネ色になるまで揚げる。
5. アプリコットジャムを適量の水でのばし、ソースとする。
6. 4を皿に盛り、5のソースをかけてオレンジ、イチゴ、ミント、粉糖を散らす。

小泉 功二（こいずみ こうじ）

1979年神奈川県生まれ。調理師学校卒業後、20歳で東京・八重洲の割烹料理店「岡崎」に入店。2003年、店の料理長だった石川秀樹氏の独立に伴い「神楽坂 石かわ」（東京・神楽坂）に移り、経験を積む。2008年の「石かわ」移転に伴い、既存店を「虎白」と改名、オープン時より統括総料理長を務める。間もなくミシュラン2ツ星を獲得する。日本料理の軸をはずさず、同時に意外性を感じさせる料理を提供する。

【 虎白 】
東京都新宿区神楽坂3-4
TEL　03-5225-0807

島田 哲也（しまだ てつや）

23歳で渡仏。パリ「オランプ」（1ツ星）、「ルカ・カルトン」（3ツ星）、「アルページュ」（3ツ星）にて研鑽を重ね、その他、パティスリー、ブーランジェリーなどで修業。「アルページュ」のシェフ、アラン・パサール氏に認められ、日本人初の魚担当シェフに抜擢。パサール氏の野菜へのこだわり、食材の調理法に、大きく影響を受ける。帰国後、池袋でシェフを経て、恵比寿に"身体にやさしいフランス料理"をコンセプトにしたレストラン「イレール」をオープン。日本の四季で育つ野菜に着目し、"日本食材"を用いたフランス料理が話題となりテレビ、雑誌で取り上げられる。その後、「イレール・ドゥーブル」、「イレール・ボントン」などを展開し、2013年9月、念願のビストロ「イレール人形町」をオープン。

【 イレール人形町 】
東京都中央区日本橋人形町2-22-2
TEL　03-3662-0775

佐藤 護（さとう まもる）

1967年生まれ。東京・青山の「ローマ・サバティーニ」で伝統的なローマ料理を習得し、1997年に渡伊。約4年半の間に北から南までイタリア各地の14軒のレストランで研鑽を積む。2001年に帰国後、「オ プレチェネッラ」（神奈川・横浜）、「リストランテ カシーナ・カナミッラ」（東京・中目黒）でシェフを務め、2013年に独立、「トラットリア・ビコローレ・ヨコハマ」（神奈川・横浜）をオープン。伝統的な技法を大切にした料理を提供し、多くのファンに愛されている。

【 トラットリア・ビコローレ・ヨコハマ 】

神奈川県横浜市西区平沼1-40-17
モンテベルデ横浜 101
TEL　045-312-0553

五十嵐 美幸（いがらし みゆき）

1974年東京都東村山市生まれ。小学生のころから、生家の中国料理店の厨房に入り、食材や調理に親しむ。'93年に東京都立農業高校食品製造科を卒業。18歳で正式に厨房に入る。'97年、当時の人気番組『料理の鉄人』（フジテレビ）に最年少挑戦者として出演。一躍、中国料理界の新星として脚光を浴びる。'08年9月、独立して「美虎（みゆ）」をオープン。オーナーシェフとなる。現在数々の雑誌、テレビ番組に出演。また、他社との料理開発や食育活動を通じ、女性ならではの視点から、新しい中国料理を提供・提案している。著書に「五十嵐美幸のやっぱり野菜料理よ！」（柴田書店刊）他がある。

【 中国料理 美虎（みゆ）】

東京都渋谷区西原 2-32-6　UTSビル1F
TEL　03-6416-8133

使えるじゃがいもレシピ
― 煮ても、揚げても、炒めても。優秀素材をフル活用の和・洋・中105品 ―

初版印刷	2015年8月15日
初版発行	2015年8月31日

著者ⓒ 　小泉功二（こいずみ こうじ）
　　　　　島田哲也（しまだ てつや）
　　　　　佐藤護（さとう まもる）
　　　　　五十嵐美幸（いがらし みゆき）

発行者　　土肥大介

発行所　　株式会社柴田書店
　　　　　東京都文京区湯島 3-26-9　イヤサカビル　〒113-8477
　　　　　電話　営業部　　　03-5816-8282（注文・問合せ）
　　　　　　　　書籍編集部　03-5816-8260
　　　　　URL　http://www.shibatashoten.co.jp

印刷・製本　図書印刷株式会社

本書掲載内容の無断掲載・複写（コピー）・引用・データ配信等の行為は固く禁じます。
乱丁・落丁本はお取替えいたします。

ISBN978-4-388-06211-9
Printed in Japan